南通筆記

【繁體增訂版】

蘄飛 撰輯

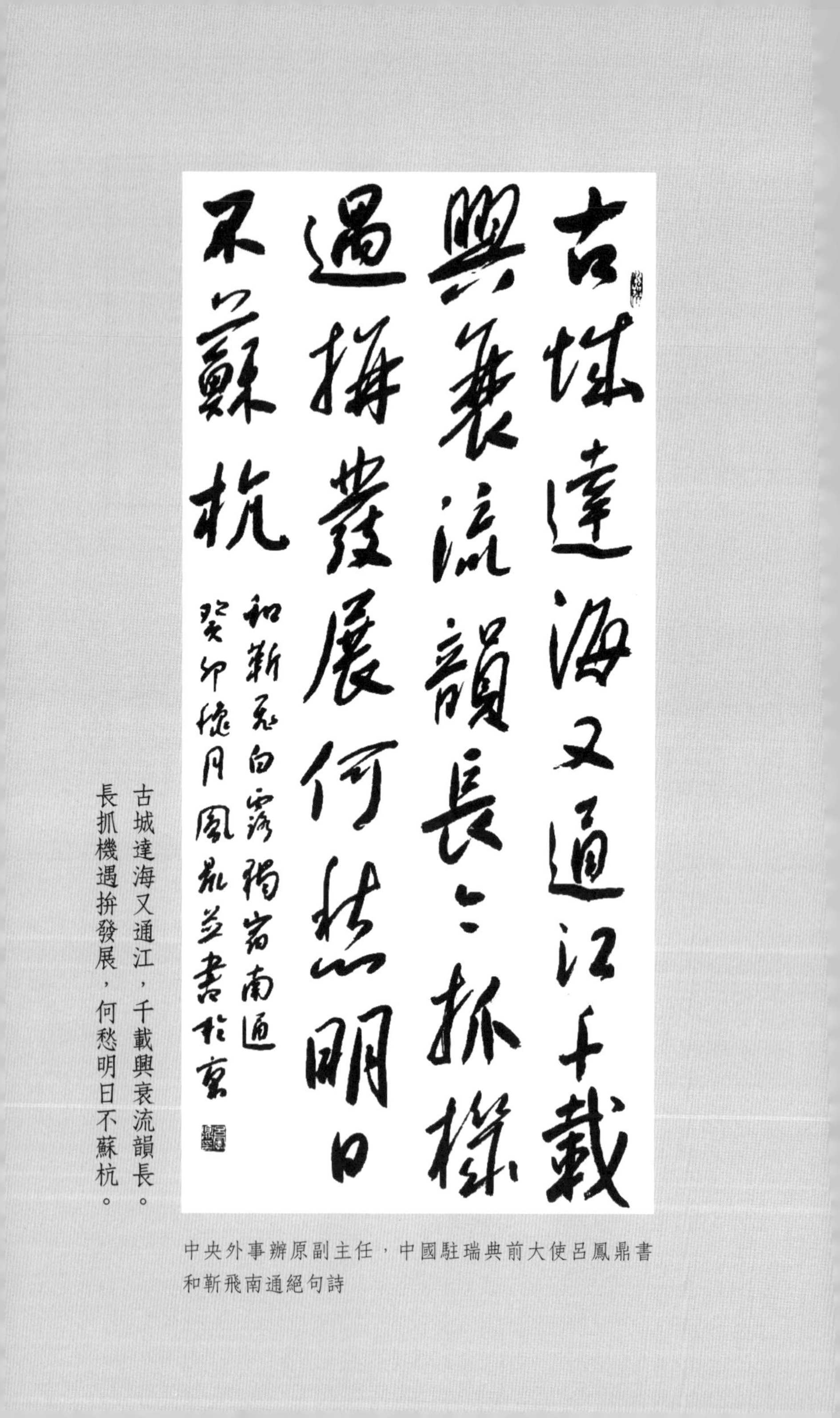

古城達海又通江，千載興衰流韻長。
長抓機遇拚發展，何愁明日不蘇杭。

中央外事辦原副主任，中國駐瑞典前大使呂鳳鼎書
和靳飛南通絕句詩

八旗漢蒙不分家
仁政流播記海涯
四郡人民歡咲處
賢達序寫認中華

靳飛先生南通掌故絕句

歲在癸卯冬月 樹民學書

八旗漢蒙不分家，仁政流播記海涯。
四郡人民歡笑處，賢達序寫認中華。

中國人民外交學會原黨組書記、常務副會長，中國駐加拿大前大使盧樹民書靳飛南通絕句詩狼山勝地養達摩，總為書生苦處多。
乞得山僧一碗飯，還他驚世幾舷歌。

中國文藝評論家協會主席，中國文聯原黨組成員、書記處書記夏潮書靳飛南通絕句詩夜來急雨早花紅，遍地江南浸潤中。
鳥語千聲歌萬囀，勸君無事住南通。

南通書法家秦能書靳飛絕句詩

目　錄

序："勸君無事住南通"

◎陳俊

二〇二四年四五月間，靳飛先生歷數月心力所作《南通筆記》，由北京出版集團北京出版社出版發行後，引全國各地廣泛關注。前些時，靳飛告訴我《南通筆記（繁體增訂版）》要在香港付印，囑我為港版作序。我既為之高興，又深為忐忑！他的"朋友圈"有的是"大腕"級聖手，讓我為之，總覺非上佳之選。其後靳飛竟多次"相逼"，我深感榮幸之至，也難辭美意，只好勉力為之。

初識靳飛是在二〇二三年八月一日。因是很受我尊敬的一位作家朋友相邀，也沒弄清來客為誰，我便欣然前往。飯局安排在一處後街的小酒館。落座介紹，方知面前這位竟是京城文化圈頗具影響力的人物。席間話題頗廣，靳飛滔滔不絕，詩詞歌賦、戲曲音樂、香道茶道信手拈來。之後你來我往，竟莫逆於心，遂相與為友。

作為"新京派文化"代表性作家、學者，靳飛年輕時即拜於張中行、吳祖光、嚴文井、許覺民、蕭乾、葉盛長門下，與梨園界、作家群、出版圈亦往來熱絡。靳飛善文、能書、會畫，在散文、隨筆、戲劇研究方面成果頗豐。與之閒談，時有名人逸聞趣事分享，念起某些文化界前輩常不禁動容。一日，在南通“人間貴客”茶敘，有我邀約的客人書法家秦能老師至。忽見靳飛從座上驚起，肅然趨前，端視良久，眾皆錯愕！靳飛說秦老酷似他老師張中行，且舉手投足神韻俱在，乃一時恍惚沒轉過神來幻為恩師大駕！

靳飛作《南通筆記》於我也算有淵源。他初始以筆記體在微博上試水，閱者漸眾，好評如潮，因大受鼓舞，便一頭扎進去，遂有結集付梓之意。其間，多篇筆記我幸得“先睹”之快。靳飛常來我辦公室小坐，聊南通掌故、歷史人文、江海風情，當然，話題基本不離他“胎動”中的《南通筆記》。其後逢人便說他作筆記得我幫助莫大。其實不然，我尊靳飛為師，他才情“外溢”，每次與他交談，不論“頻道”如何切換，他似乎樣樣精通，觀點直擊要害，且每有洞見，我得益良多！

筆記體起源可追溯到南朝時期的《世說新語》，其妙處在於體例靈活、敘事簡潔、篇幅短小。靳飛過往的嘗試皆是為人物做傳，比如《張伯駒筆記》《馮耿光筆記》等，《南通筆記》卻是以筆記體講一座城市的故事，實為一次難能可貴的嘗試。

了解一座城市有多種方式。可遊覽古蹟，在一磚一瓦間感知城市文化脈絡；可穿行於市井，感受街巷深處的人間煙火；可走進街市小店，品嚐一方水土的地道風味；當然也可以展卷閱讀，體味書中展示一座城市的獨特魅力。然而，如何找到“對”的書卻很難！一個城市何若不像一個人，她也該是一個生命體。我們平素所見太多的是“宏大敘事”的鋪展，因而你讀到的城市也往往是了無生機的存在。而靳飛的筆記卻為我們找到了一種新的城市“打開方式”。他不再瓦全於全景式和整體性，甚至無須脈絡和順序，而是擷取散落於城市發展進程中的一些“碎片”，以人物、事件為“料”，以廣聞博見之考證為“佐”，由此烹製出膾炙人口的“風味”短文，使所讀城市顯示出鮮活生動之景而帶著生命的體徵！由是，不僅讓外地讀者得以領略，也使我等生活在這座城市的人們，能夠感受到來自歷史深處曾經的律動。

靳飛筆記有詩云：“夜來急雨早花紅，遍地江南浸潤中。鳥語千聲歌萬囀，勸君無事住南通。”他對南通的喜愛是做在臉上的。《南通筆記》甫出，聞有幾個友城妒靳飛偏愛南通。然常見靳飛偏偏在席間酒酣之時忽想起某城某誰，便拉起電話呼朋喚友邀約來通，常招惹電話那頭醋意“奚落”。靳飛雖是“閒不住”，但也“用情”專一。在我與靳飛相識不長的時間內，他偶“回”日本也是今日古董店明日某某寺，流連於承載中日傳統文化符號的一些空間。而在國內，要麼北京要麼南通，若是見其在微信群、朋友圈曬香港、上海、廣州、蘇州等某地行蹤，也大多是去參會、講座或者路過，只稍作逗留，馬上又“歸位”於其鍾情之地。

我一直好奇靳飛為何如此偏愛南通。南通是長江沖積平原。靳飛筆記所述《唐大和尚鑒真兩渡狼山》之時，這裏還是沙洲隱現、橫無際涯的茫茫一片。南通實在是“無中生有”的一種存在！在這跨越千百年的“有無”之間，江海大地便藏有太多異於一般城市所具有的獨特魅力！靳飛有激情、愛探究，又是個既愛熱鬧、也喜清靜的“矛盾體”，於是，他在常居北京之餘，時而南下，臨江攬勝，問俗探幽，“勸君無事住南通”！如若有一天他靈機一現，又有關於這兒的新著橫空出世，這何止是南通之幸，更是文化之幸！

（作者為南通市第十五屆人大常委會副主任）

自　序

◎靳飛

癸卯中秋前一日自京抵通，客寓在狼山山腳，桂子方開，雖數粟而香彌十步，不覺徘徊良久。越二日，杭之丁生與京之張君次第而至，二君並美丰儀也。張君攜吳江親友數人，亦俊秀之才。當晚開夜宴於金石酒店瓊樓之上，但見江流壯闊，皓月當空，正《道德經》所云江海其善下之者也。南通東道主人，偉岸睿哲，謙謙君子，滿座遂無有不歡者。予更於席次邂逅三十年前舊友，新識台灣之名居士，則予於是宴也，有識於三十年前者，有識於二十年前者，有識於十數年前者，有識於二三年前者，有識於二三小時前者。予少年畏酒，五十以後忽嗜酒，量竟倍增。逢此良辰，情之難禁，飛羽觴吟古調，乃不知為醺也。明日眾友盡返，獨桂子驟濃，恍然如大夢耳。夫獨樂之樂，莫過文章。恰如皋張君所饋之冒辟疆先生全集寄達，展卷恍惚，直以古人為同人，恣意唱和，一發而不能收，月餘而不能止，率性結集付梓，粗疏之處，倉促間亦不能顧之。若樸堂主人靳飛自序於北通州。

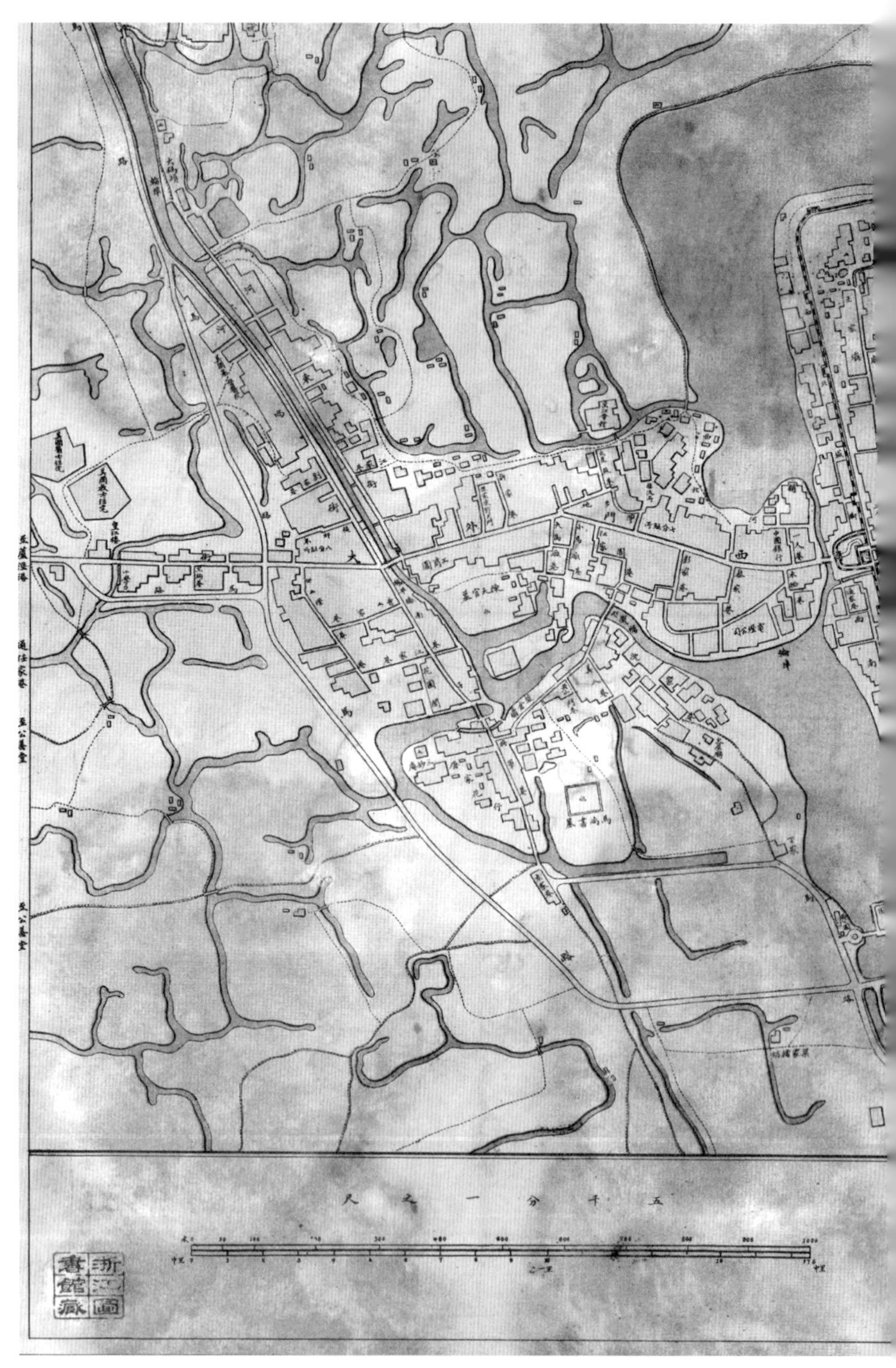

南通縣城廂圖（一九一七年）

高等小學
中學校
女師範校
博物苑
東公園
師範學校
圖書館
表
街道
馬路
大路
學校
廟宇
墳墓

南通之建制

南通市地方志編纂委員會辦公室整理《萬曆〈通州志〉（點校本）》前言記，《晉書・地理上》載，“安帝分廣陵郡之建陵、臨江、如皋、寧海、蒲濤五縣置山陽郡，屬南兗州”。後周顯德五年始有“通州”之名，為建州之始。清順治十六年，顧祖禹著《讀史方輿紀要》則云，“春秋時吳地，漢屬臨淮郡，後漢屬廣陵郡，晉末屬海陵郡，宋齊因之。隋屬江都郡，唐屬揚州。後周置靜海軍，尋改通州。宋初改為崇州（以州兼轄崇明鎮，因名）。尋復為通州（政和七年賜名曰靜海）。元初曰通州路，尋復為州，屬揚州路。明初仍為州，以州治靜海縣省入（編戶百七十里），領縣一”。雍正二年，通州升為直隸州，隸江蘇布政使司，領如皋、泰興兩縣。乾隆二十六年，改隸江寧布政使司。直隸州類同於府。今析如皋為如皋市、如東縣。南通市目前轄崇川、通州、海門三區，如東縣及啟東市、如皋市、海安市，並設南通開發區、蘇錫通園區、通州灣示範區。

若樸堂主人有詩讚之：

雨打長江雲似畫，江濱楊柳卻如人。
南通自古連江海，風一吹來便入春。

又：

夜來急雨早花紅，遍地江南浸潤中。
鳥語千聲歌萬囀，勸君無事住南通。

友人呂鳳鼎公曾任中國駐瑞典大使，退官後優遊林下，以詩書遣興，有和作云：

古城達海又通江，千載興衰流韻長。
長抓機遇拚發展，何愁明日不蘇杭。

滬江詩友林在勇兄和作二首，其一云：

萬里迎潮尊上邑，百年起勢盛人才。
不由吾信好風水，北岸江南同到春。

其二云：

何處有詩花不紅，吾鄉便在此心中。
春雲飛雨三千里，一水巫山瀛海通。

范梅強書靳飛詩作

雨打長江雲似畫，江濱楊柳卻如人。
南通自古連江海，風一吹來便入春。

葛劍雄釋通州華亭之關聯

我以舊時筆記中每見有往返於通州華亭（上海松江）之間者，乃函滬上葛劍雄先生，詢以兩地關聯。劍雄先生覆函云，“唐天寶十年在蘇州府境內置華亭縣。五代天福五年，吳越以蘇州東南地析置秀州，華亭縣改屬秀州。南宋慶元元年升秀州為嘉興府。元至元十四年以華亭縣置華亭府，十五年改稱松江府。至明，松江府與通州均屬京師南直隸，至清均屬江蘇省。元至元十四年置崇明州，與通州同屬揚州路。至明降為崇明縣，屬蘇州府。弘治十年兼隸於太倉州。清雍正二年專隸於太倉州。民國年間，先後屬江蘇南通、松江。一九二八年析崇明外沙置啟東縣。一九四九年六月崇明解放，屬南通專區，一九五八年改屬上海市”。若樸堂主人按：崇明今有兩鎮仍由南通轄。

唐大和尚鑒真兩渡狼山

唐大和尚鑒真生於垂拱三年，揚州江陽人，俗姓淳于，中宗神龍元年從南山宗道岸律師受菩薩戒，景龍二年於長安實際寺從弘景律師受具足戒，時年廿一歲。鑒真五十五歲為日僧榮叡、普照所請欲東渡弘法，因高麗僧如海誣告事件而罷。天寶二年十二月二次東渡，日本真人元開撰《唐大和上東征傳》，汪向榮校註本稱，鑒真一行自揚州舉帆東下，“到狼溝浦被惡風飄浪擊舟破，人總上岸，潮來水至人腰，和上在烏蓲草上，餘人並在水中。冬寒風急，甚太辛苦”，烏蓲草即蘆葦。亦有說此狼溝浦在太倉瀏河口者。天寶七年六月，鑒真一行三十五人再渡，“至揚州新河，乘舟下至常州界狼山，風急浪高，旋轉三山。明日得風，至越州界三塔山”。新河者今之瓜洲運河，此處之狼山即今之狼山則無疑問矣。再至天寶十二年十月，鑒真六十六歲自蘇州黃泗浦六渡，十二月抵日本鹿兒島，乃告成功。黃泗浦在今張家港市楊舍鎮，二〇〇八年十一月遺址出土，副市長蔣鵬君曾陪余勘訪。中日雖隔一衣帶水，交往交融自古非易，實非有鑒真大和尚之金剛無畏力量所難為之也。

若樸堂主人詩讚云：

六渡東瀛創律宗，天台密教亦相從。
狼山黃泗覲陳跡，我為今人愧暗庸。

詩友林在勇兄和作云：

律密同尊一大宗，乘桴浮海每多從。
至今認得狼山照，富士金光為紀庸。

范梅強書靳飛詩作

六渡東瀛創律宗，天台密教亦相從。
狼山黃泗觀陳跡，我為今人愧暗庸。

書狼山廣教寺開山僧伽事蹟

狼山廣教寺供奉大聖菩薩，即唐大德僧伽。宋《太平廣記》《高僧傳》載其事蹟云，僧伽本葱嶺以北之何國人，在今吉爾吉斯斯坦，因以何為姓。若樸堂主人按：唐玄奘《大唐西域記》記“何國”名“屈霜你迦國”，謂之“周千四五百里。東西狹，南北長，土宜風俗同颯秣建國”。颯秣建國，唐時稱“康國”，在今烏茲別克斯坦撒馬罕一帶。僧伽於唐龍朔二年入唐，先隸楚州龍興寺，後建寺於泗州臨淮。景龍二年，中宗迎請至長安，尊為國師。景龍四年三月於長安薦福寺端坐而終，年八十三歲，歸葬泗州，宋太宗加封“大聖”，俗稱大聖菩薩或泗州大聖。狼山建寺奉僧伽為開山始祖。李白詩有《僧伽歌》，《全唐詩》版作：

真僧法號號僧伽，有時與我論三車。
問言誦咒幾千遍，口道恒河沙復沙。
此僧本住南天竺，為法頭陀來此國。
戒得長天秋月明，心如世上青蓮色。
意清淨，貌稜稜，亦不減，亦不增。

瓶裏千年鐵柱骨，手中萬歲胡孫藤。
嗟予落魄江淮久，罕遇真僧說空有。
一言散盡波羅夷，再禮渾除犯輕垢。

李白詩係作於僧伽身後，故有人以為係偽作者。余則以為當是太白於安史之亂間避難江淮，聽聞僧伽故事有感而發，本非晤談之記錄也。唐時天台宗因湛然倡導而大盛，其宗依《大乘妙法蓮華經》為教義，以“一念三千”“一心三觀”而達“真空妙有”“三諦圓融”之境界，故又名法華宗。天台法華多與文士交往，為外來佛教與中土交融之明證，故能稱其為中國佛教之首創宗派。李白之“有時與我論三車”，杜甫之“白牛車遠近，且欲上慈航”，貫休詩“昔事堪惆悵，談玄愛白牛”，皆在天台法華氣氛中也。所謂“一心三觀”，即中觀、空觀、假觀，以空假不二為中觀。三觀亦即三諦，何必求李白果否親見僧伽耶。太白詩之“波羅夷”句，見《法苑珠林》，以波羅夷者，為極重之罪；輕垢者，減輕一等，凡玷污淨行之類皆是。李白意在云，聞天台法華之法則一切可恕可諒也。又有讀僧伽名號，以伽為茄音者，誤也。伽字之用於佛教，有加、茄、嘎三音。嘎音最近梵語。按李白詩韻，僧伽宜讀僧嘎或僧加，不宜讀為僧茄。余之舊友王志遠先生為佛教史學家，昔日趙樸初居士延請志遠先生為主編，創刊《佛教文化》雜誌，志遠先生復引余為首期編委，此三十年前事也。余昨夜電志遠先生就教，志遠先生亦以讀嘎或加為是。

若樸堂主人詩讚云：

青蓮玉柄胡孫藤，三諦圓融證異僧。
問是空來還是假，狼山千載幾崚嶒。

詩友劇作家王一舸君和詩云：

東海梵聲通瀚海，照空萬里一傳燈。
今看風華依舊否，太白長歌引月升。

青蓮玉柄胡孫藤，三諦圓融證異僧。
問是空來還是假，狼山千載幾崚嶒。

范梅強書靳飛詩作

【附】

僧伽像贊

張謇

僧伽唐聖僧，其歸在淮泗。
萬回定僧聖，觀世音化身。
觀音於東土，功德最廣大。
聖跡之所著，當不離海上。
普陀落伽山，自昔有道場。
狼山在唐代，亦是海中島。
其去泗上山，不過數百里。
若論海潮音，落伽亦無二。
況依佛子性，本無人我相。
若於此分別，即是有執著。
譬如今日山，以為在平陸。
試問若在海，於山何分別。
本體且無無，體外何有有。
還問諸聖者，如何離名言。
如何脫名相，或見正等覺。

狼山大聖像

張謇

李唐中世貞元中，澄觀營建僧伽塔。
饒舌曾聞老萬回，伽是觀音化身給。
後來河淮爭交流，泗州橫入蛟龍呷。
塔成塔虧伽覺之，飛錫狼山分片衲。
當時山在江海間，渡大須舸小須艓。
忽淵忽陸三四朝，襲帝掀皇七八十。
佛眼動未一剎那，山木冬春幾枝葉。
邇來百越富商賈，脫罪滿船載圭璧。
奔馳不與泗上異，祈佛佛誰曾不臆。
不臆非智亦非愚，能脫身罪即是佛。
身果何罪脫何時，烽火槍刀天地黑。
狼山一塔出雲表，觀音僧伽二而一。
自解自脫佛何云，大江水黃溪水碧。

狼山廣教寺為大勢至菩薩道場

大勢至菩薩與阿彌陀佛、觀世音菩薩並稱“西方三聖”，觀世音菩薩為阿彌陀佛之左脅侍，大勢至菩薩為右脅侍。大勢至菩薩事蹟見諸《楞嚴經‧圓通章》及《佛說觀無量壽經》諸經。今存《大勢至菩薩密咒》，梵文為：

ong bazha hei ong bazha zhanzha mo he lu he na honghei

hum vaira phat om vajra chanda maha ro kha na hum phat

意在大勢至菩薩現身時地動山搖，鎮住一切，可以止戰息兵。此亦《觀無量壽經》中所稱，“此菩薩行時，十方世界，一切震動”，“此菩薩坐時，七寶國土，一時動搖”。以此而知，大勢至菩薩，以無上力佑護和平之佛也。

南通狼山廣教寺立於江海匯聚之處，為當世罕有之大勢至菩薩道場，足為狼山一奇。

岳飛曾任通泰鎮撫使

南宋名將岳飛在二十七周歲時，即建炎四年八月，被委任為通泰鎮撫使，兼知泰州，轄區在揚州以東，從泰州到南通一帶。鄧廣銘《岳飛傳》引《金佗稡編》卷十七所錄，岳飛《乞淮東重難任使申省狀》云："照得（岳）飛近准指揮，差（岳）飛充通泰州鎮撫使，仰認朝廷使令之意，除已一面起發，前赴新任外，契勘金賊侵寇虔劉，其志未艾，要當速行剿殺，殄滅淨盡，收復諸路；不然則歲月滋久，為患益深。若蒙朝廷允（岳）飛今來所乞，乞將（岳）飛母、妻並二子為質，免充通泰州鎮撫使，止除一淮南東路重難任使，令（岳）飛招集兵馬，掩殺金賊，收復本路州郡，伺便迤邐收復山東、河北、河東、京畿等路故地，庶使（岳）飛平生之志得以少快，且以盡臣子報君之節。"則可知岳飛不欲接受此一職務，請求尚書省予以調換。然岳飛之請未獲批准，岳遂率部於九月初抵泰州，其部受劉光世之節制。岳飛在泰州時，因持法嚴明，發生了斬前軍統制官傅慶事件，以傅慶矜功恃寵、放蕩不羈而殺之。據鄧廣銘《岳飛傳》云，其年十一月金兵以二十萬大軍攻通泰，岳飛以泰州既無天險可守，又無地利可憑，遂以全軍撤至今泰興縣境，分批渡江，移屯江陰，然後奏請朝廷以失守之罪對其懲處。朝廷下詔令岳飛即駐江陰，“極力捍禦金人，毋得透漏”，對岳未予深責。南通後世建“四賢祠”，以岳飛為其一，當是出此淵源。

王世貞萬曆本《通州志》序

南通市地方志編纂委員會辦公室寄新印萬曆本《通州志》到京，酒後展卷，讀其序文之起句云：“古益部有通州，而幽、揚部無通州。自揚部之通州出，與幽部之通南北對峙而兩，而益部之通廢。” 余醉大醒，拍案驚呼，此序者何人？非一流大家無此氣象。其云益部通州，小通州也；而揚部通州即今南通橫空出世，立與北京通州對峙而兩。小通州廢而大通州興，僅此兩句，序者雄視今古而俯視九州之格局畢見。急索序末署名，則明賜進士出身、嘉議大夫、前都察院右副都御史、兩京大理太僕寺卿吳郡王世貞也。余亦恃才簡慢者，讀世貞數語，頓時低眉斂息稱，自此牛馬走矣。有詩為證：

七子風騷各廿年，南通太倉一江連。
開篇方到弇州序，牛馬甘心難比肩。

王世貞者，太倉人，號弇州山人，與李攀龍等並為明“後七子”，曾居文壇首席二十年也。萬曆本《通州志》，地方志之無比精彩之佳作，明林雲程主修，沈明臣纂而以顧養謙陳大科副之，編纂者固已知其精彩而露沾沾自喜之得色。

七子風騷各廿年，南通太倉一江連。
開篇方到弇州序，牛馬甘心難比肩。

范梅強書靳飛詩作

【附】

萬曆《通州志》序

[明] 王世貞

古益部有通州，而幽、揚部無通州[1]。自揚部之通州出，與幽部之通南北對峙而兩，而益部之通廢。揚部之通，其始僅一鹽官地，稍稍進為州，復降為邑，至元而始定，屬揚部，以逮我明。三百年來，鹽盬[2]之利，衣食江南北，而其設險置兵，控扼吳、楚，屹然一重鎮矣。地靈

---

[1] 班固《漢書》卷二八《地理志》有云："堯遭洪水，懷山襄陵，天下分絕，為十二州，使禹治之。水土既平，更制九州，列五服，任土作貢。"清人王鳴盛《十七史商榷》卷十四"十三部"條即云："冀、兗、青、徐、揚、荊、豫、梁、雍、幽、并、營，此唐虞之十二州也。"又據《漢書》卷二八《地理志》，周"改禹徐、梁二州合之於雍、青，分冀州之地以為幽、并"，漢興，"南置交阯，北置朔方之州……改雍曰涼，改梁曰益，凡十三部"。至此方有揚、幽、益之名。揚部相當於淮河以南、長江流域及嶺南地區，益部相當於今陝西、四川盆地、漢中及部分雲貴地區，而今北京則是幽部的核心地區。益部之通州乃四川達州古稱，西魏廢帝元欽二年（552）始有此名，宋乾德三年（965）改"達州"，至此"通州"之名遂廢，而揚部之通州始設於後周顯德五年（958），幽部之通州乃金天德三年（1151）升潞縣置。因此，益部之通州乃中華大地上最早以此命名一州者，也是率先廢止者。

[2] 鹽盬：泛指鹽池。《漢書．貨殖傳》："猗頓用盬鹽起，邯鄲郭縱以鑄冶成業。"顏師古註："盬，鹽池也。於盬造鹽，故曰盬鹽。"《隋書．食貨志》："掌鹽掌四鹽之政令……二曰盬鹽，引池以化之。"

啟而人傑輩出，冠帶履舄[1]之盛，蓋殷殷[2]焉。通，故領邑二：曰海門，曰崇明。崇明，越在海中央，以故通失之而改隸吾蘇之太倉；而海門之隸通如故。[3]

自宋孫昭先之為《通志》十卷[4]，明通守嚴敦大、孫徽等後先凡六修，其卷自一以至六，其書或存或不存[5]。而海門之為“志”，則前尹璽而後崔桐，亦不能與《通志》合[6]。萬曆之三年，閩林君雲程自南刑曹郎出守通，凡三載，政修人和。乃以其間考古圖籍，作而歎曰：“《志》，其可以已也夫？”謂顧君養謙、陳君大科：“其州人可取證也，得無有所避乎！”謂沈子明臣：“史材也而遠，無避也。”於是聘沈而屬之以顧、陳輔焉。僅及歲而志成，為卷八，卷之

---

❶ 冠帶履舄：冠帶指帽子與腰帶，而古代履為單底鞋、舄為複底鞋，“履舄”泛稱鞋。此處代指官吏、士紳，言人文之盛。

❷ 殷殷：眾多貌。《文選·左思〈魏都賦〉》有云：“殷殷寰內，繩繩八區，鋒鏑縱橫，化為戰場。”李善註：“殷，眾也。”

❸ 通州之沿革以及崇明之改隸蘇州。

❹ 該句中，孫昭先，字延父，宋漳州龍溪人，淳熙間進士。該志為南通史上第一部州志，《輿地紀勝》《宋史·藝文志》《永樂大典》及萬曆《揚州府志》等皆著錄或引述該志。

❺ 所謂“後先凡六修”，指在本志之前，明代已修有六部州志：永樂《通州志》一卷，永樂十六年（1418）知州嚴敦大修；景泰《通州志》一卷，景泰五年（1454）知州孫徽修；弘治《通州志》二卷，弘治四年（1491）儒學訓導施紀修；嘉靖《通州志》六卷，知州鍾汪總其成，嘉靖九年（1530）付梓；嘉靖《通州志》四卷，嘉靖三十三年（1554）黃國用等修，丁鈇纂，馬坤序於首，丁鈇自序於卷末；嘉靖《通州志》八卷，嘉靖三十八年（1559）喻南嶽、李汝杜修，江一山等纂，有馬坤、陳堯、李汝杜等序。

❻ 即壽昌令尹璽修成化《海門縣志》及崔桐編纂嘉靖《海門縣志》[嘉靖十五年（1536）修成]。

為啚[1]者一，表者二，志者二十六，傳者十一，遺事者一。謂世貞[2]曙於文，以書介沈而請序焉。覽之，燦如[3]也，乃又秩如[4]也已。

竊謂今志猶古史也。古者，千乘之國與附庸之邦皆有史官，以掌記時事，第不過君、卿、大夫言動[5]之一端；而所謂山川、土田、民物、風俗、兵防之類，意別有圖籍以主之，志則無所不備錄矣。是故古史之失在略，而今志之得在詳也。然史之大綱在不虛嬍，不隱惡[6]，以故世子之隆崇，卿相之威靈，而執簡者侃然而擬其後。今州邑之薦紳將舉筆，而其人非邦君即先故，蓋有所不得不避矣。是故古史之得，在直；而今志之失，在臾也。沈子之為《通志》，毋論其晢體裁、挈綱目，博採精辨，文辭瑰麗而已，

---

❶ 啚：同“圖”，唐玄應《一切經音義》卷八：“詔定古文官書，圖啚二形同。”

❷ 世貞：王世貞（1526—1590），字元美，號鳳洲，又號弇州山人，南直隸蘇州府太倉州（今江蘇太倉）人。嘉靖二十六年（1547）進士。曾因惡張居正被罷歸故里，張居正死後，王世貞起復為應天府尹、南京兵部侍郎，累官至南京刑部尚書，卒贈太子少保。王世貞為“後七子”之一，更是在李攀龍故後獨掌文壇二十年，著有《弇州山人四部稿》《弇山堂別集》《嘉靖以來首輔傳》《藝苑卮言》《觚不觚錄》等。

❸ 燦如：明白顯豁貌。

❹ 秩如：條理井然貌。

❺ 言動：言行。《隋書·儒林傳·劉炫》：“整緗素於鳳池，記言動於麟閣。”金王若虛《〈論語辨惑〉總論》：“《鄉黨》所載，乃聖人言動之常，無意義者多矣。”

❻ 不虛嬍，不隱惡：嬍，同“美”；“不虛美，不隱惡”語出《漢書·司馬遷傳贊》：“其文直，其事核，不虛美，不隱惡，故謂之實錄”，指不誇飾美善、不隱瞞惡事，乃務實求真之史家精神。本句及下句意謂史家重實錄，而方志則是郡人修撰當地史事，因鄉邦之情、故舊之誼而多有諛辭。

乃至官邪風慝，凜乎霜鉞之加，有餘畏焉，夫何下太史公傳“酷吏”“佞幸”[1]哉！是《志》也，豈惟在通，以俟他郡國有餘裁也，以俟一代有餘采也。故因林君之請而之敘。

賜進士出身、嘉議大夫、前都察院右副都御史、兩京大理太僕寺卿、吳郡王世貞撰。

❶“酷吏”“佞幸”：指《史記》之《酷吏列傳》《佞幸列傳》。

《萬曆〈通州志〉》主修者

明萬曆三年林雲程自南京刑部郎中因事謫通州知州。林雲程字登卿，號震西，福建晉江人，嘉靖四十四年進士，其人寬厚溫和，不以一己之浮沉為意，在通三年頗多建樹，興學黜邪，疏通市河，重修狼山諸景。顧養謙《修狼山記》記：

（狼山）山寺廢壞之七年，是為萬曆乙亥，（顧）養謙從嶺南歸，馬治中檠從留都歸，而陳司理大科先從河南歸，乃相與謀曰：狼山寺之興廢，有關於吾郡不細，今廢甚，當奈何？即欲新之，工又甚巨，非林大夫（林雲程）主之不可。於是三人者走詣大夫，請新之。大夫即毅然曰：境內山川不治，謂守土者何？矧茲山寺，通所急耶，請聽三君子新矣。又謂地方有大役，而不以聞諸上官，是自專。乃關白兵憲程公（時海防道按察使），程公俞其請，得贖金若干為工費。而先是，屈大夫希尹（前任知州）曾發贖金，令父老築金剛殿故址，迄無功，屈大夫去，益懈。大夫（林雲程）乃稽故牒督責之，功用興。顧（養謙）所請贖金僅十三，不足；大夫（林雲程）所措置亦十三，復不足。令寺僧募土人之有力者，得金、米各有差，最後得侍御淄川王公發贖金若干為佐。力役以隙，徵諸民與為期，更番之民不因，任忠勤、公正不苟、有識多才能者董其事，事悉委之。

以此可知林雲程做事之勤勉。其主修《通州志》，用沈明臣為編纂。沈字嘉則，寧波人，曾於平倭之役中任職胡宗憲幕僚，參贊軍務。協助沈修志之顧養謙、陳大科，後皆膺任封疆。

林雲程自通州調知宿州，升任知九江府、知汝寧府。其在汝寧事蹟，李卓吾《焚書》略有記之。林自汝寧辭歸故鄉，有重宴瓊林之盛，得上壽，有云其壽至九旬者，著有《叢蘭館史編鈔》《蘭窗雜記》。

若樸堂主人詩云：

生如大夢不由人，名姓長存近海濱。
青史江山都有志，董狐不必費舌唇。

滬江林在勇兄和作云：

山海滄桑向化人，賢風總欲駐陽濱。
崇川志乃嘉言錄，合樂如歌點絳唇。

范梅強書靳飛詩作

生如大夢不由人，名姓長存近海濱。
青史江山都有志，董狐不必費舌唇。

會戰豐臣秀吉之顧沖庵

明萬曆二十年，日本豐臣秀吉大舉攻入朝鮮。朝鮮急向明求援，明廷先以宋應昌為兵部右侍郎兼任朝鮮經略，後宋與前敵軍事指揮之總兵官李如松失和，明廷遂於萬曆二十三年以顧養謙代宋，出任兵部左侍郎、薊遼總督，指揮在朝對日作戰。

顧養謙生於嘉靖十六年丁酉，字益卿，號沖庵，南通州人，嘉靖四十四年進士，歷官工部郎中、福建按察僉事、廣東參議副使、薊州鎮兵備等職，能文能武，尤具軍事才能。其於萬曆十三年擢升遼東巡撫，明沈德符《萬曆野獲編》記其事云："丙戌丁亥間，顧沖庵養謙撫遼左，俘得海上零倭數十，皆貸命以實行伍，私念大虜目未識島夷，可以奇勝之。一日報虜騎入犯，命諸倭仍故裝匿中軍，候戰酣時，忽執刀跳躍齊出，虜驚未定，則霜刃及馬足，皆路僕就戮，餘騎並散。"及顧代宋應昌為朝鮮經略，派四川副總兵劉綎、廣東副總兵陳璘率部入朝，迅即控制臨津、寶山等地，由此阻斷日軍糧草供應，日軍被迫撤出平壤，與明軍開始和談。

顧養謙深悉彼時之朝廷，萬曆帝昏惰無為，深居不出，既不視朝，不御講筵，不親郊廟，不批答章疏，中外缺官不補，朝中大臣朋黨分歧，自為恩怨。顧囿於此種時局，乃力主撤兵封貢，上書乞封豐臣秀吉為日本王。孰料豐臣秀吉心有不甘，於萬曆二十四年九月二日“冊封大典”之時反悔，欲以大同江為界分佔朝鮮，談判即告破裂。次年豐臣秀吉再派重兵二次入侵朝鮮，明廷以顧“數年無功”而罷其兵權，改官工部右侍郎總理河道。顧著《沖庵顧先生撫遼奏議》，收入《四庫全書》。

若樸堂主人有詩云：

能臣何力拗君王，自古紛爭蝟廟堂。
經略遼東功未竟，沖庵奏議可衡量。

林在勇兄和詩云：

書生難遇聖明王，長在江湖偶近堂。
我讀公詩披顧傳，別藏素志耐思量。

能臣何力拗君王，自古紛爭蝟廟堂。
經略遼東功未竟，沖庵奏議可衡量。

范梅強書靳飛詩作

顧養謙與李卓吾

顧養謙於嘉靖四十四年中進士後歷官福建廣東各地，坐事調雲南僉事，恰與明之異端思想家李贄為同僚，即如李贄之語，“若是真豪傑，決無有不識豪傑之人”，李顧兩人遂成至交。

李贄，名載贄，字宏甫，號卓吾，世稱卓吾先生，長顧養謙十歲，福建泉州人。其中舉後於河南任教官，至貧，中年獲任雲南姚安知府，僅三年即力辭；於各地講學，其說駁斥孔孟程朱，倡“童心說”，亦即個性解放，尤為後世魯迅周作人兄弟所推重，奉其為先驅者。著有《藏書》《焚書》等，多誅心之論，如“昨日是而今日非矣，今日非而後日又是矣”；如“咸以孔子之是非為是非，故未嘗有是非耳”，如“不言理財者，決不能治平天下”，終以言獲罪，年七旬被逮詔獄，自殺，葬於京郊北通州北門外。近年政府遷其墓至通州西海子西路，正在予京宅左近，予曾數往謁之。

顧養謙有《贈姚安守溫陵李先生致仕去滇序》文，記敘其與卓吾交往，文筆殊佳，不輸王世貞等“後七子”。顧文之妙，記卓吾頗具政治才幹而不為官場束縛，然每每受制於夫人。先是卓吾欲獨赴姚安，“其室人強從之”；卓吾辭官留住雲南，“其室人晝夜涕泣請”，卓吾不得已從夫人至湖北黃安，即今之紅安，依女兒女婿居住，是以卓吾亦不能任意妄為也。

若樸堂主人有詩讚曰：

顧氏文章記李顛，童心無畏卻多憐。
是非非是誰能定，日下荒墳看薊燕。

上海師範大學黨委書記林在勇先生和作云：

卓吾執我笑人顛，捫此童心誰見憐。
五百年藏可焚卷，惺惺客弔古幽燕。

范梅強書靳飛詩作

顧氏文章記李顛，童心無畏卻多憐。
是非非是誰能定，日下荒墳看薊燕。

【附】

贈姚安守溫陵李先生致仕去滇序

［明］顧養謙

溫陵李先生為姚安府且三年，大治，懇乞致其仕去。

初，先生以南京刑部尚書郎來守姚安，難萬里，不欲攜其家，其室人強從之。蓋先生居常遊，每適意輒留，不肯歸，故其室人患之，而強與偕行。至姚安，無何即欲去，不得遂，乃強留。然先生為姚安，一切持簡易，任自然，務以德化人，不賈世俗能聲。其為人汪洋停蓄，深博無涯涘，人莫得其端倪，而其見先生也，不言而意自消；自僚屬、士民、胥隸、夷酋，無不化先生者，而先生無有也。此所謂無事而事事，無為而無不為者邪？

謙之備員洱海也，先生守姚安已年餘，每與先生談，輒夜分不忍別去，而自是先生不復言去矣。萬曆八年庚辰之春，謙以入賀當行。是時，先生歷官且三年滿矣，少需之，得上其績，且加恩或上遷。而侍御劉公方按楚雄，先生一日謝簿書，封府庫，攜其家，去姚安而來楚雄，乞侍御公一言以去。侍御公曰："姚安守，賢者也。賢者而去之，吾不忍。非所以為國，不可以為風，吾不敢以為言。即欲去，不兩月所為上其績而以榮名終也，不其無恨於李君乎？”先生曰：“非其任而居之，是曠官也，贄不敢也；需滿以倖恩，是貪榮也，贄不為也；名聲聞於朝矣，而去之，是釣名也，贄不能也。去即去耳，何能顧其他？”而兩台皆勿許，於是先生還其家姚安，而走大理之雞足。雞足者，滇西名山也。兩台知其意已決，不可留，乃為請於朝，得致其仕。

命下之日，謙方出都門，還趨滇，恐不及一晤先生而別也，乃至楚之常、武而程程物色之。至貴竹，而知先生尚留滇中，遨遊山水間，未言歸，歸當以明年春，則甚喜。或謂謙曰：“李姚安始求去時，唯恐不一日去，今又何遲遲也？何謂哉！”謙曰：“李先生之去，去其官耳。去其官矣，何地而非家，又何迫迫於溫陵者為？且溫陵又無先生之家。”及至滇，而先生果欲便家滇中，則以其室人晝夜涕泣請，將歸楚之黃安。蓋先生女若婿皆在黃安，依耿先生以居，故其室人第願得歸黃安云。先生別號曰卓吾居士。卓吾居士別有傳，不具述，述其所以去滇者如此。

先生之行，取道西蜀，將穿三峽，覽瞿塘、灩滪之勝，而時時過訪其相知故人，則願先生無復留，攜其家人一意達黃安，使其母子得相共，終初念，而後東西南北，唯吾所適，不亦可乎？先生曰：“諾。”遂行。

李卓吾論顧養謙

袁中道《李溫陵傳》論李卓吾云：“公為人中燠外冷，豐骨稜稜。性甚卞急，好面折人過，士非參其神契者不與言。強力任性，不強其意之所不欲。”卓吾雖具性格，其與南通顧養謙之交也厚，所著《焚書》收書信三通足以為證。

李卓吾《覆顧沖庵翁書》之一，應作於明萬曆七年至八年間，即李辭雲南姚安知府際，顧正因公自滇至京，聞訊急函卓吾欲返滇送行。卓吾覆書云：“某非負心人也，況公蓋世人豪；四海之內，凡有目能視，有足能行，有手能供奉，無不願奔走追陪，藉一顧以為重，歸依以終老也，況於不肖某哉，公於此可以信其心矣。”此則可視作卓吾予顧之評價。

書之一言及“（卓吾）求師訪友，未嘗置懷，而第一念實在通海”，則顧當有南通之邀而卓吾亦有此願也。顧氏宅在今崇川區西大街迤西，柳家巷南，養謙晚歲歸鄉建有珠媚園居住。

卓吾書之二仍係談“通海之遊”，云，“向在龍湖，尚有長江一帶為我限隔，今居白下（南京），只隔江耳。住來十餘月矣，而竟不能至，或一日而三四度發心，或一月而六七度欲發”。此則應作於袁中郎《李溫陵傳》“焦公弱侯迎之（卓吾）秣陵”之時。弱侯者，萬曆十七年狀元焦竑也。惜卓吾未能成行，行之，袁中郎當補記“顧公沖庵迎之通海”之句。

卓吾書之三題作《又書使通州詩後》，其時顧養謙已卸去朝鮮經略職，卓吾頗有安慰之心，云：“公天人也，而世莫知；公大人也，而世亦莫知。夫公為天人而世莫知，猶未害也；公為一世大人，而世人不知，世人又將何賴邪？目今倭奴屯結釜山，自謂十年生聚，十年訓練，可以安坐而制朝鮮矣。今者援之，中、邊皆空，海陸並運，八年未已，公獨鼇釣通海，視等鄉鄰，不一引手投足，又何其忍邪。非公能忍，世人固已忍捨公也。此非仇公，亦非仇國，未知公之為大人耳。誠知公之為大人也，即欲捨公，其又奚肯？”

卓吾之前兩書，顧氏如何作答均可想見，唯此第三書實難回覆。顧氏文稿除奏議外多佚，深憾之，然有卓吾之三書，亦無憾矣。

若樸堂主人詩云：

遠守滇邊幸有鄰，江寧通海費舌唇。
溫陵無賴非佳客，肯寄書來論大人。

遠守滇邊幸有鄰，江寧通海費舌唇。
溫陵無賴非佳客，肯寄書來論大人。

范梅強書靳飛詩作

沙元炳記清初如皋李氏案

沙元炳《志頤堂詩文集》有《明禮部侍郎李公備傳》，記明天啟二年進士李之椿，出身如皋望族南峰李氏，字大生，號徂徠，官吏部文選司主事，以嚴鯁清峭難容於朝，返如於城東南隅建指樹園，於狼山結種松詩社，天下慕其風流。明亡，弘光帝即位南京，召李之椿為禮部侍郎，兵敗再次返如。清順治四年正月，如皋民趙雲、李七舉兵反清，宣稱李之椿為盟主。適陳之龍降清不久，官鳳陽巡撫，派軍剿滅趙李並捕李之椿下獄鞫治，兩年後遇大赦釋之。繼而江陰貢生黃毓祺匿居於通州湖蕩橋薛繼周家，響應明監國魯王號召密議起事，復為陳之龍所偵知，擒黃毓祺於通州法寶寺。李之椿恐為之牽連而遁至武夷，其子李旦攜母及妻避居常熟羊尖鎮，"時往來江上為間諜"，李旦曾於魯王監國中獲委御史。

沙元炳文敘，"（順治）十五年秋，有謝庭蘭者，孌童也，與（李）旦嬖妾通，覺而毒殺其妾，庭蘭跳身京師，鬻於內府為銀工，乘間言於上，盡發"。大獄由此而興，李之椿李旦父子均被逮至南京，之椿於獄中絕食七日而死，年五十六歲。順治十六年三月，李旦等四十八人問斬，禍近滅門。

所幸者，一是李旦子仙宗遇救，沙元炳文云，“有義士柏仲祥者，能日行三百里，負（李）旦子仙宗逃，被獲，仲祥死南京，仙宗配為奴，籍其家”。一是李之椿弟李之柱，及之柱之子李鼎亦入獄，李鼎字五鼎，其妻即冒辟疆之姊，因之得冒辟疆親赴南京全力營救，李之柱李鼎父子乃得開釋。韓菼撰《冒潛孝先生（冒辟疆）墓誌銘》所云，“（冒）於族黨尤有恩，祖姑老而無子，迎事之終身。姊歸，後家破，亦如之”。冒姊事即隱指李氏大案。

寄居冒辟疆宅之陳維崧，與李鼎之子李仙原交厚，仙原字延公，陳為之作《李延公詩序》亦言及李氏案，維崧文云，“如皋李生延公，經年不與賓客相見，則以家難故，居恒獨好為詩。陳生再至如皋，讀書巢民先生（冒辟疆）家，而李生亦無家久，依其舅氏，以故兩人朝夕得相見，相見則必論詩，顧李生詩益工。李生既以名家子，一旦門戶僨裂，姓名為當世所諱，不肯錄之齒牙間。其尊甫先生又被縶石城（南京），情理危迫，宗族毀敗，至欲求為馬醫夏畦而不可得”。馬醫夏畦即指農夫，謂李氏境況尚在農夫之下，蓋維崧與延公相識，李之柱父子尚在羈獄也。

若樸堂主人詩云：

南峰濺血事驚魂，字字讀來滿淚痕。

撫育捐軀誰更易，程嬰哀苦問公孫。

末句用《呂氏春秋》“哀之以驗其人，苦之以驗其志”語意也。

南峰濺血事驚魂，字字讀來滿淚痕。
撫育捐軀誰更易，程嬰哀苦問公孫。

范梅強書靳飛詩作

沙元炳所記解差夫妻事

沙元炳《志頤堂詩文集》之《許元博先生備傳》，記清初如皋布衣許德溥，字元博，夜讀《宋史．岳飛傳》而效岳飛故事，於兩臂刺字“生為明人，死為明鬼”，又於胸前刺字“不愧本朝”。其後為人構陷，又逢統管江防之操江都御史陳錦巡視南通，知縣殷應寅即將許案上報陳錦，順治四年正月解送許至南京定案，次年三月十四日被斬。許元博無子嗣，沙元炳引其姪許建雨語：“妻朱將配旗，縣胥王熊當解，陰以妻代，冒先生襄贖之歸。”

韓菼《冒潛孝先生墓誌銘》亦錄此事，曰：“邑有許生以誣被法，妻子當入旗，胥王姓者實護行，先生（冒辟疆）予以道里齎並辦所贖之費，胥感動，陰以其妻代行，久之以先生所辦金贖歸，而許妻不知也。先生高胥義，迎養其夫婦至死。”

與冒辟疆同代之泰州詩人吳嘉紀作五古詩《王解子夫婦》，其序云：“如皋王解子，酷嗜酒。里有義士妻某氏，罪當遣戍，縣官差役往送解子，與焉。歸，悲惋終夜，為之罷飲，其婦詢知，願代義士妻，解子許之。送至戍所。

值鄉人以金贖義士妻還，不知其為解子婦也。”

沙元炳之友冒鶴亭則記云：“順治初布衣許德溥以抗節死，妻當流徙，官令役王姓者解送，王以妻代，士夫高其義。”冒鶴亭詩讚之：“落落東皋舊酒徒，王熊風義世間無。悲來欲語無騶卒，自爇心香展畫圖。”

若樸堂主人用鶴亭原韻和之：

人間奇跡劇中無，解役夫妻勝巨儒。
女似孟嘗真好義，窮王貴冒兩浮屠。

人間奇跡劇中無，解役夫妻勝巨儒。
女似孟嘗真好義，窮王貴冒兩浮屠。

范梅強書靳飛詩作

冒辟疆為蒙古後裔

明倪元璐《冒辟疆樸巢詩序》云：“辟疆天才蔚起，退居海濱，結一巢於荒原古樸之上，而息影其間。”冒辟疆本蒙古族後裔，其先世為元鎮南王脫歡（一說為脫脫之後），又有云其姓篾兒吉得氏者。余在旅中，柬社科院古代史所汪潤博士在京中代為索得《北京圖書館藏珍本年譜叢刊》，其記如皋冒氏云，元至正年間冒氏始祖冒致中以薦舉儒術而任兩淮鹽運司丞，分巡豐利諸鹽場；元亡遁跡如皋，改以冒姓，聚書數千卷，勤學好修。張士誠曾強徵之至蘇州，終以疾力辭而返。有明一代，冒氏多有舉進士者。辟疆祖父夢齡，由選貢得知會昌縣，升南寧知州。父起宗，崇禎元年進士，官兗西僉事。明亡，辟疆亦不仕，家有園池亭館之勝，一時名士咸聚如皋，招致無虛日，館餐唯恐不及，如皋乃以辟疆而名聞四海。辟疆後人，得中進士舉人者，著書立說者，更難以計數。冒氏自元末迄今凡六百年，累世書香，鴻儒輩出，實賡續中華文脈之奇跡也。

若樸堂主人有詩讚之云：

一統文明化漢胡，從來大道納殊途。
如皋冒氏出蒙古，六百春秋號正儒。

王一舸君和曰：

淮左鹽霜暗舊廬，如皋才子夢荒疏。
影梅庵裏沉香冷，底事何辜問蠹魚。

一統文明化漢胡，從來大道納殊途。
如臯冒氏出蒙古，六百春秋號正儒。

范梅強書靳飛詩作

明逸民名士肯頌清官

蒙古後裔冒辟疆入清不仕，甘以明逸民自居，然其七旬高齡時作有《五狼督府鎮台公德政序》，對清江南狼山總兵官諾邁極盡揄揚，殊為不可思議。諾邁者，字眉居，漢軍八旗都統李國翰之子，母為清初親王之女。漢軍八旗，王士禛釋云，“本朝制，以八旗遼東人號為漢軍，以直省人為漢人”。清康熙八年九月，諾邁以八旗參領升任江南狼山總兵官，轄“四郡五十一州縣”。《清史稿》記，狼山總兵為正二品，統轄鎮標二營，兼轄通州水師營、泰州營、泰興營、三江水師營。諾邁除軍務外兼理民政。南通一帶自明亡後兵火不斷，盜寇不絕。清順治十八年又經工部尚書正白旗他他拉氏即蘇納海，以海氛未靖為由而強遷濱海居民毀山寺院。迄至諾邁至通，情勢遂為之一變，農安於野、商安於市、軍士嚴職、百貨輻集、興革利弊，社會重歸安定。諾邁能以“元臣子弟”而禮賢下士，延攬咨議，安撫縉紳，南通今傳狼山寺院亦諾邁重建，現存“紫琅禪院”刻石，此皆冒辟疆所稱“德政”者。

辟疆文中更言及親身經歷云，“襄（辟疆名襄）東皋之編氓也，往歲奉母里居。公按部至邑，式廬之典，必首寒門。襄歲一報謁，公肆筵設樂鈴閣之下，縣榻以須，留連信宿，必極歡而後罷。比者奉先恭人之諱，公專使慰藉，損俸賻遺，開函捧讀，淚未嘗不於漬紙也”。式廬者，謂諾邁多次至如皋冒氏宅拜望；縣榻者，縣通懸，用《後漢書》之陳蕃典，意即辟疆至諾邁處，諾邁皆在公署招待並留宿。辟疆母逝，諾邁亦贈賻金慰問。凡此種種辟疆至為感動。康熙十九年九月諾邁升任福建提督，官至一品。辟疆破例作文惜別，起句“國家龍興遼左”，則已示認同清之統治矣。

諾邁抵閩，襄助總督姚啟聖，巡撫吳興祚，參與收復台灣事宜。康熙二十年十一月調京，任鑲藍旗漢軍都統，約於康熙三十五年逝，謚襄恪。按：甲冑有勞曰襄，威容端嚴曰恪。謂諾邁之有軍功也。諾邁妻亦出身宗室，有子李杕（音地），襲三等伯，娶宗室女，為覺羅額駙。諾邁墓在京西南房山羊頭崗，有碑《諾邁諭祭碑》《諾邁誥封碑》，均有拓片存世。

若樸堂主人有詩讚曰：

八旗漢蒙不分家，仁政流播記海涯。

四郡人民歡笑處，賢達序寫認中華。

范梅強書靳飛詩作

八旗漢蒙不分家，仁政流播記海涯。
四郡人民歡笑處，賢達序寫認中華。

【附】

五狼督府鎮台公德政序

[明末清初] 冒襄

國家龍興遼左，以三韓為豐沛之鄉。一時櫛風沐雨，諸臣勒旂常而書竹帛，項背相望，二三著姓，金貂蟬聯，布滿朝列，或入侍帷幄，或出領節鉞，率皆三韓之產也。江南大總戎眉居諸公，以元臣子弟開閫崇川，建牙樹纛，功在疆埸。在事八年，我四郡五十一州縣之民，待蓛於公之懷抱者，如赤子之仰慈母也。雉皋去崇川百里，而近公政教所及，獨先於他州縣而沐浴德澤，謳吟而思慕者，亦較他州縣倍切。

今試觀一邑之中，問荷耒而耕者何以頌公？曰："八年以來，卒五嚴職，雞犬晏如，農安於野。誰之德？"問負販洗削者何以頌公？曰："八年以來，平價貿易，百貨輻集，賈安於市。誰之德？"問牽車牛遠服賈者何以頌公？曰："八年以來，封船有厲禁，往來無驛騷，商旅安於塗。誰之德？"於是俊民秀士之頌公者曰："公篤緇衣之好，禮賢下士，忘分折節，片長寸善，悉蒙採錄，其敢忘公之賜？"於是縉紳大夫之頌公者曰："公友賢事仁，延攬咨訪，地方利弊，咸得敷陳，公乃折衷而興革焉，其敢忘公之賜？”而緇黃之尸祝於寺觀也，而累囚之尸祝於囹圄也，而介胄虎旅之尸祝於行間也。一邑如是，知四郡五十一州縣莫不如是。襄雖善頌，其何以加茲？雖然，襄更有致私頌於公者。襄，東皋之編氓也，往歲奉母里居。公按部至邑，式廬之典，必首寒門。襄歲一報謁，公肆筵設樂鈴閣之下，縣榻以須，留連信宿，必極歡而後罷。比者奉先恭人之諱，公專使慰藉，損俸賻遺，開函捧讀，淚未嘗不漬於紙也。襄何以得此於公哉。他日雲台麟閣，功名在褒鄂之間，襄雖老耄，猶能為公紀成績焉，則豐沛之澤固歷百世而未艾也夫！

贈諾鎮帥

［明末清初］范國祿

元圭式錫燕皇天，肇敏戎公啟象賢。
細柳營開刁斗整，赤鯨波偃帳牙懸。
閒調樂府南星下，寵渥君恩北極邊。
介壽每因桑梓切，天津遙挹酒如泉。

清初南通官員與收復台灣

清康熙二十二年六月收復台灣，底定海疆，設置台灣府，隸福建省，下轄台灣、諸羅、鳳山三縣。

平台之役，南通官員參與者有三。其一者，為福建總督姚啟聖。姚為紹興奇人，明天啟四年生，寬額長髯，目光如電，膂力驚人，以任俠自喜。《清史稿》及清同治十年進士陳康祺所著《郎潛紀聞》均載，啟聖二十歲即得署理南通州知州，到任立捕當地土豪杖殺之，然後棄官而走。又曾於蕭山因救被掠女子而殺二卒，歸女子還家。啟聖聞有何氏女，力能舉石臼如無物，迎娶為妻。

其二者，即姚啟聖與何氏之子姚儀，雄偉強健，“嘗驅駟馬，駕奔車，自後掣之，馬為之卻”。姚儀隨父與台灣鄭經父子戰，康熙二十二年正月，累積軍功升授狼山總兵官。

其三者，姚儀之前任狼山總兵官諾邁，康熙十九年九月自南通升任福建提督，協同姚啟聖參與收台事宜。

姚氏父子及諾邁雖非南通人氏，然此亦南通之掌故也，不可不記之。

若樸堂主人有詩讚曰：

姚家父子力無窮，底定海疆不世功。
豈料狼山出虎將，長江盡處日當紅。

姚家父子力無窮，底定海疆不世功。
豈料狼山出虎將，長江盡處日當紅。

范梅強書靳飛詩作

崇川貴公子范國祿

南通范氏稱為宋范仲淹後裔之別支，移通後詩文世家十餘世綿延不絕，而尤以清初范國祿冠絕一時。范國祿字汝受，號十山，明天啟四年甲子生，入清不仕，以“崇川貴公子”自詡，好山水，好花木，好禪，其詩流麗灑脫，非拈莖苦吟者所能為之。如其《和新安老人〈登狼山觀海〉》句，“放眼苦不遠，立身苦不高。天地自大人自小，日月自閒人自勞”；如其《江雨》句，“雲暗江天去更留，風吹雨亂眾情秋”；如其《次韻楊三兄九日登北山》句，“不從舊社聲名在，肯負平生酒放杯”；如其《聞旦法師示寂石塔》句，“一笑無言相莫逆，兩人從此各悠然”。超然豁達，筆力雄健，為明清鼎革際所罕有。其人清傲不羈，才思敏捷，與陳維崧鄧漢儀李笠翁為至好，陳維崧為徐紫雲作《惆悵詩》二十首，范國祿竟為之和作二十首，此為冒鶴亭《雲郎小史》所未載也。

今印《萬曆〈通州志〉（點校本）》前言記，“康熙十三年，知州王宜亨先後聘范國祿、王倣通等修康熙《通州志》十五卷”。此另有一說為，國祿因修志而“為人所構，自削其名，投書而去，十年於外”。鄧漢儀有詞《念奴嬌》，云“聽范汝受談崇川近事”而作，詞云：“海頭江尾，看銀濤，直瀉狼山之麓。當日攢峰多結構，盡是僧龕佛屋。老樹千章，奇葩萬朵，一一雲霞簇。自經烽火，崇川新置都督。　一望細柳軍營，鳴鐃擊鼓，刈盡名園竹。雪酒壚頭吳女髻，浪說蘇州小幅。明月空堤，官梅舊閣，有客傷心獨。閒談絮說，淚珠拋下盈斛。”

鄧漢儀詞意在狼山總兵易人前後南通諸多變化累及范氏，然范詩中則記與“諾鎮帥”“張都督漢槎”“漕撫大司馬沈公”“羅郡侯兼攝兵憲”諸當政者均有往來，所謂修志而自削其名事，猶有疑也。范氏公子作為，詩家習性，最難把握。

若樸堂主人詩云：

崇川公子獨絕塵，夢語心思幾上人。
詩似長江直貫湧，奇峰奇句幻奇身。

范梅強書靳飛詩作

崇川公子獨絕塵，夢語心思幾上人。
詩似長江直貫湧，奇峰奇句幻奇身。

《紅樓夢》引鄧漢儀詩

高鶚續之《紅樓夢》末回記襲人嫁蔣玉菡處，作者評之云，“正是前人過那桃花廟的詩上說道”，“千古艱難惟一死，傷心豈獨息夫人”。所謂前人者，清初鄧漢儀也。息夫人為春秋時息國君夫人，又稱桃花夫人，其事見於《左傳》，廟在湖北黃陂。唐杜牧有《題桃花夫人廟》云，“細腰宮裏露桃新，脈脈無言度幾春。至竟息亡緣底事，可憐金谷墜樓人”。鄧漢儀詩收入其《慎墨堂詩拾》，題作《題息人廟》，詩云，“楚宮慵掃黛眉新，只自無言對暮春。千古艱難惟一死，傷心豈獨息夫人”。鄧用杜牧韻，其筆力雄健沉痛，竟出杜牧之上也。此詩一出，震動當時。

鄧漢儀字孝威，號舊山，晚號鉢叟，明萬曆四十五年丁巳生於泰州，清康熙十八年舉博學宏詞，授中書舍人歸鄉，康熙二十八年秋卒，年七十三歲。其壯歲以前，淹洽通敏，貫穿經史百家之籍，作幕各地，見聞尤廣。清初結識龔鼎孳，隨龔沉浮宦海，相交至深，及龔於康熙二年重任左都御史，始辭龔返泰，自此長住故里，全力著述。

清初泰州與如皋為一地，鄧漢儀早於明季結識冒辟疆，復因龔鼎孳故而與冒多往來，歸住泰州則與冒時相過從，康熙二十三年以貧窘攜子鄧勖采借寓冒氏水繪園年餘，是故漢儀亦水繪園中人也。漢儀自康熙九年起，始編《詩觀》，迄至康熙二十八年，共成初、二、三集，收錄明末清初詩人作品最豐。其初集自序云："《十五國名家詩觀》之選成，予反覆讀之，作而歎曰：嗟乎，此真一代之書也已。當夫前朝末葉，銅馬縱橫，中原盡為荊榛，黎庶悉遭虜戮。於是乎神京不守，而廟社遂移，有志之士為之哀板蕩、痛仳離焉，此其時之一變。繼而狂寇鼠竄於秦中，列鎮鴟張於淮甸，馴至甌閩黔蜀之間，兵戈罔靖而烽燧時聞，此其時為再變。若乃乾坤肇造，版宇咸歸，使仕者得委蛇結綬於清時，而農人亦秉耒耕田，相與歌太平而詠勤苦，此其時又為一變。"則鄧漢儀之《詩觀》，非詩史也，鼎革中之國人心靈史也，惜其於乾隆四十五年前後遭禁毀，不得窺其全貌焉。

當漢儀編選《詩觀》際，正冒氏水繪園繁茂、各方人物踵至之時，冒氏於《詩觀》應有所助。且值陳維崧客如皋，並冒辟疆兄弟父子，及張圯授、邵潛諸詩家，實已成"如皋詩派"之實，此未為世人所察也，今當為文以張之。

又，鄧漢儀六十七歲受兩江總督之屬，會同崑山蔡方炳、冒辟疆次子冒丹書等五十三人，編纂《江南通志》，今猶存也。

若樸堂主人詩云：

詩當亂世盡誅心，字字嚎出不必吟。
僻靜如臯歌卻富，華堂日日濕衣襟。

范梅強書靳飛詩作

詩當亂世盡誅心，字字嚎出不必吟。
僻靜如臯歌卻富，華堂日日濕衣襟。

李笠翁生長於如皋

予少年嗜笠翁小說劇作，及旅居東京又與慶應大學岡晴夫教授為友，岡為笠翁研究之專門家，故每晤必談笠翁。笠翁即李漁，其《無聲戲》《風箏誤》《比目魚》《十二樓》《連城璧》《閒情偶寄》，皆風行於中日。

李漁祖籍浙江蘭溪，明萬曆三十九年八月初七日生於如皋，其家似於其祖父時已移住皋，以經營藥材及行醫為業，伯父李如椿最是聞名鄉里。李漁既生殷實之家，幼讀詩書頗有志於科舉，十五歲作《刻桐詩》云，“小時種梧桐，桐本細如艾。針尖刻小詩，字瘦皮不壞。剎那三五年，桐大字亦大。桐字已如許，人長亦奚怪。好將感歎詞，刻向前詩外。新字日相催，舊字不相待。顧此新舊痕，而為悠忽戒”。

其十七歲迎娶徐氏，十九歲喪父，亦皆在皋經歷也。有云其十九歲時逢如皋大疫，全家染病，李漁獨因食楊梅而得先治癒，故其終生嗜食楊梅。約至明崇禎六年以科舉故自如皋返蘭溪，多次應考不售，四十歲後在南京、蘭溪、杭州居住，改八股為戲文小說，筆下風月尤能動人，遂成大名；又自組家班演劇，造芥子園會天下文士，逍遙如神仙。

李漁住杭之前曾重至如皋，一則與崇川詩人范國祿羅休楊麓等往來唱和，一則返皋探視戚友。范國祿有數詩記其事，其《芙蓉池上同李漁羅休楊麓拿舟觀荷》云，“倚山池館就涼開，香泛荷花水半隈。欲向中流操楫去，卻從陸地蕩舟來。美人笑解江皋珮，醉客吟登澤畔台。日暮風光青渺渺，蒲菰楊柳一瀠洄”。又有《次韻答李漁》，“何用骫髒六尺為，文章自古傲鬚眉。一帆煙雨三吳道，孤劍風霜隻影隨。青海卻憐長舌在，白狼相訂舉家移。平生尚有經心事，旗鼓中原肯讓誰”。李笠翁亦在如皋留詩有《過雉皋憶先大兄》，詩云，“一望皋城百感生，無兄何暇說嚶鳴。可憐夜月飛鴻雁，不忍春花看紫荊。在日塤篪無可樂，別來急難有誰驚。明朝謁墓愁風雨，一哭能教地有聲”。范李詩足證李漁之於如皋猶有深情也。

若樸堂主人詩云：

笠翁怎是素心人，寂寞江皋盡舊塵。
管領風情新豔曲，武林處處好遊春。

笠翁怎是素心人，寂寞江皋盡舊塵。
管領風情新豔曲，武林處處好遊春。

范梅強書靳飛詩作

【附】

次韻答李漁

［明末清初］范國祿

何用骯髒六尺為，文章自古傲鬚眉。
一帆煙雨三吳道，孤劍風霜隻影隨。
青海卻憐長舌在，白狼相訂舉家移。
平生尚有經心事，旗鼓中原肯讓誰？

芙蓉池上同李漁羅休楊麓拿舟觀荷

［明末清初］范國祿

倚山池館就涼開，香泛荷花水半隈。
欲向中流操楫去，卻從陸地蕩舟來。
美人笑解江臯珮，醉客吟登澤畔台。
日暮風光青渺渺，蒲菰楊柳一瀠洄。

王士禛記寒士邵潛

清王士禛《池北偶談》記南通州布衣文士邵潛，號五嶽外臣，著有《循吏傳》《友誼錄》《皇明印史》《州乘資》。其性傲僻倔強，善罵人，晚年孤身居住如皋西門茅屋三間，室內黝黑如漆，而雙眸炯然，筋骨如鐵，八旬尚能飲酒數觴。陳維崧曾云，“古今文人多窮，然未有如邵先生者”，為之作《邵潛夫先生八十壽序》《邵山人潛夫傳》。

若樸堂主人有詩讚之云：

安貧竟至以窮名，憤世多能有正聲。
公子公卿悲冷落，鐵書鐵骨尚崢崢。

呂鳳鼎公和作云：

邵潛有才兼有行，安貧未許俗人輕。
如皋茅舍今如在，風過定聞金石聲。

安貧竟至以窮名，憤世多能有正聲。
公子公卿悲冷落，鐵書鐵骨尚崢嶸。

范梅強書靳飛詩作

邵潛有才兼有行，安貧未許俗人輕。
如皋茅舍今如在，風過定聞金石聲。

呂鳳鼎自書詩作

【附】

邵潛詩三首

並蒂茉莉詩

冰蕤共蒂弄清光，露立中庭異眾芳。
秦虢雙娥容並潔，瀟湘二女體俱香。
經宵月綴鴛鴦佩，侵曉雲龍翡翠裳。
應是化工微有意，故將花信報仙郎。

穀梁世兄生子以己亥人日滿月賦此為贈

生兒方匝月，恰喜邁靈辰。
質已毓陽德，氣仍含早春。
家駒今日譽，國寶異時珍。
重慶筵前色，寧誇勝作人。

乙巳上巳水繪園修禊即席分體限韻

山園曲曲恣尋幽，不減蘭亭昔日遊。
年似永和饒麗景，客同大令自名流。
歌聲宛轉雲間出，酒氣絪縕水上浮。
卻怪諸君太無賴，師成頃刻傲前修。

邵潛夫先生八十壽序

［清］陳維崧

今人賤老而貴少，而邵先生行年且八十，豈得不困哉！顧今天下之賤文士也，其視老人也又甚。衣冠之胄，上車不落則官著作，體中如何則拜秘書。乘堅刺齒肥樂甚，下至屠酤者兒，屬有天幸，生平不識一書，飽數十碗肉羹耳。若閉戶而誦一先生家言，無益不與通也。今邵先生年既八十，且又善屬文，以故益大困。邵先生既久困，而平居輒侘傺，言曰：“吾年既八十，且又善屬文，若輩且如我何哉！”卒自若。陳生之來如皋也，客有短邵先生於陳生者，曰：“邵先生雖工詩歌古文辭，多讀書，然其為人非人情，不可近，子且慎勿與遊。”陳生則竊從邵先生遊。居無何，客又有謂陳生者曰：“邵先生善使氣，好座上謾罵人，是常於鍾景陵舟中而面詆其密友譚元春，又常過虞山謁錢宗伯，稍待久之，即罵閽者而去。”陳生從邵先生遊，則又竊示以詩若文，邵先生率又大稱善。陳生曰：夫世之不近人情者何限，能罵人者又何限，顧論者獨深求邵先生，則非以邵先生貧且老哉？邵先生年八十，窮無所依，僦居於如皋之城西門。皋既僻遠，而城西又皋之僻遠處，邵先生居之，繩樞甕牖，出無兒，入又無婦也，僅一里媪依其門楗以居，則為邵先生爇火作糜耳。邵先生家既貧，然實為廷評公後，不慣惡衣食，飯必擇精鑿者。性又畏蒜韭諸物，不喜與人共食器。居既僻遠，室中無人，不能夜飲。諸少年或強留之，則絕裾而去。既出戶，語喃喃不休，人遂以邵先生為非人情，不可近。且又善罵人，群然嘩之。其實邵先生衰年暮齒，所遇多不如意者，人又不能諒先生，而或反以溷先生，可感也。先生所為詩，上下漢魏三唐，沉鬱深渾，才法兼至。賦、序、書記諸雜文，上逼周秦，次則陵轢班馬。蓋先生之學，包括史籍，根據經術，所選一書，最號精緻。尤復博通字學，旁核籀篆。其編輯已刻未刻書若干卷，皆有裨史學。詩集則冒嵩少先生為梓以行世云。先生字潛夫，《通州憲綱錄》中所謂明詩人邵潛者是也。先生每過陳生，輒深語移日。酒酣抵掌追述生平賢豪長者遊，如李本寧、鄒彥古、黃貞父，陳仲醇諸先生，零落略盡，遠者在五六十年前。江南人家園亭台榭之盛，如無錫鄒氏、錢塘葛氏，亦皆數數易主，甚或不可問。而金陵鳴珂巷，昔日所為狹斜遊者，已化為圈牢處矣，因相與歎息泣下。已又自言骨肉乖違，房闈離異，五倫之道，幾於殞滅。甚者有朱翁子去婦之事。忌妻悍室，家道轗軻。蓋陳生聞先生言，愴然如劉孝標所自序也。天之於先生甚矣哉！夫古今文人才士，窮愁者為多，然未有窮愁如邵先生者。先生既謬嗜陳生文，而年正八十，私謂陳生，是不可以無言。夫陳生則又奚言！吾竊悲斯世無信陵公子，而乃令邵先生亦不一過其門，則先生又出侯生上矣。

冒辟疆三觀《燕子箋》(其一)

明末政壇之反覆小人阮大鋮實有大才華，所作傳奇《燕子箋》《春燈謎》《牟尼合》《雙金榜》諸劇奇佳。《燕子箋》初刊於崇禎十五年，敘唐代才子霍都梁與名妓華行雲戀愛故事，“（南明）弘光時，曾以此曲供奉內廷，一時朱門綺席，奏演無虛日，是以大江南北膾炙人口也”（吳梅語）。

其劇問世正值冒辟疆在南京納“秦淮八豔”之董小宛為副室，是年即壬午年中秋，冒董友好公宴於桃葉水閣為賀，冒辟疆《影梅庵憶語》記云：

> 秦淮中秋日，四方同社諸友感姬（董小宛）為余不辭盜賊風波之險，間關相從，因置酒桃葉水閣。時在座為眉樓顧夫人（顧橫波）、寒秀齋李夫人（或即李宛君），皆與姬為至戚，美其屬余，咸來相慶。是日新演《燕子箋》，曲盡情豔，至霍華離合處，姬泣下，顧李亦泣下。一時才子佳人，樓台煙水，新聲明月，俱足千古。至今思之，不異遊仙枕上夢幻也。

崇禎十七年三月十九日，李自成攻陷北京，桃葉水閣座中諸氏皆飽經離難，直如《長生殿》之《小宴・驚變》情節也。

若樸堂主人詩云：

秦淮八豔命悲哀，金粉黃埃警後來。
戲劇人生無兩樣，相分後場換前台。

秦淮八豔命悲哀，金粉黃埃警後來。
戲劇人生無兩樣，相分後場換前台。

范梅強書靳飛詩作

【附】

口號四絕贈朱音仙

［清］龔鼎孳

其一

江左曾傳秋水篇，揚州煙月更堪憐。
難呼百子山樵客，重聽花前《燕子箋》。

其二

當筵妙舞復清歌，自愛腰身稱綺羅。
醉後莫談天寶事，新翻樂府已無多。

其三

急管清箏度夜分，落花聲裏幾回聞。
東風欲別能惆悵，吹送春江一片雲。

其四

萬甲樓船仗水犀，一軍鶯燕散前溪。
難聞擁髻消魂語，戰壘蒼茫落日低。

冒辟疆三觀《燕子箋》（其二）

明崇禎十七年即清順治元年甲申，五月十五日福王朱由崧在南京即帝位，以明年為弘光元年，馬士英以擁立之功任東閣大學士兼兵部尚書，阮大鋮任兵部右侍郎。

復社四公子之陳貞慧子陳維崧憶云："金陵歌舞諸部甲天下，而懷寧（阮大鋮）歌者為冠，所歌詞皆出其主人。諸先生（指陳貞慧、冒辟疆等復社骨幹）聞歌者名，漫召之，而懷寧（阮大鋮）者素為諸先生詬厲也，日夜欲自贖，深念固未有路耳，則亟命歌者來，而令其老奴率以來。是日演懷寧（阮大鋮）所撰《燕子箋》，而諸先生固醉，醉而且罵且稱善。懷寧（阮大鋮）聞之殊恨。甲申，南立弘光帝，而黨人之獄乃起。時先君（陳貞慧）以請恤來建康（南京），先生（冒辟疆）亦以特用李官（司理）拜疏闕下，而一日者夜將半，梅金吾、鄧都尉微行謂先君（陳貞慧）曰：'皖人（阮大鋮）有大憾於子，子曷行乎？'先君（陳貞慧）未及行而遂及於獄，藉居間力卒解。方事之殷也，而捕先君（陳貞慧）者跡且至冒先生所云。冒先生雖慷慨好節，屢為鷙猾者中，幾蹈不測，然居恒周人之急，重然諾，好施與，出人於厄，上天報施善人，卒亦賴是不敗。”

陳貞慧之被逮在甲申九月十四日，維崧滿二十歲，其記憶當可信也。吳梅村余懷諸氏文亦曾記此事，只未如維崧詳盡。孔尚任於康熙三十八年定稿之《桃花扇》，敘復社四公子侯方域與秦淮八豔李香君故事，其第四齣《偵戲》與維崧所憶盡同，有云孔尚任赴淮揚疏浚海口時曾聞之於冒辟疆者。

若樸堂主人詩云：

霍華侯李各鴛鴦，血染桃花淚幾行。
燕子箋傳公子怨，興亡風月恨文章。

霍華侯李各鴛鴦，血染桃花淚幾行。
燕子箋傳公子怨，興亡風月恨文章。

范梅強書靳飛詩作

【附】

雲郎口號四絕句，其年索賦

［清］龔鼎孳

其一

春風絲管揚州路，曾見秦簫最小年。
今夕雲郎來對酒，長安花月更嬋娟。

其二

不從水繪園中住，席帽輕衫到國門。
自是主人能愛客，三千里外一寒溫。

其三

陳郎文采驚天下，作客雖貧材足依。
茶灶藥囊秋雨夜，他鄉伴好不須歸。

其四

雲郎態似如雲女，縹緲朝雲與暮雲。
聽說繞樑歌絕妙，花前還許老夫聞。

怊悵詞二十首別雲郎

［清］陳維崧

其一

作客天涯四載餘，江城燈火倍愁予。
一枝瓊樹天然秀，映爾清揚照讀書。

其二

乍見筵前意便親，今生憐惜夙生因。
莫言自小青衣賤，也是江淹傳裏人。

其三

命不如人黯自傷，只緣家難滯他鄉。
旅窗若少雲郎顧，海角寒更倍許長。

其四

中酒將離思不禁，年年桐樹碧愔愔。
物猶如此難為別，怊悵無言淚滿襟。

其五

落拓分司老更狂，半生蹤跡總他鄉。
分明記得從前事，鈿笛牙籤共一床。

其六

弱柳輕雲盡可憐，當時身畔鬥嬋娟。
柳條今日歸何處，只剩寒雲似當年。

其七

薄命都由技藝工，憐才那復古人同。
平原座上人如許，獨酌椒漿酹馬融。

其八

記得端陽五月中，君曾薄醉倚疎櫳。
分明一幅瀟湘水，斜墜明霞數縷紅。

其九

三鼓出門烏夜啼，五更還家星宿稀。
水晶樓角幾時暖，獨坐待君歸不歸。

其十

不歸獨坐到天明，斜倚香篝歎息輕。
鼠踏箏弦聲窸窣，錯疑人叩獸鐶聲。

十一

豐樂橋頭白酒旗，大夫廟後綠楊枝。
而今緣盡何須恨，曾見羊車絕妙時。

十二

城南定惠前朝寺，寺對寒潮起暮鐘。
記得與君新月底，冰紋衫子捕秋蟲。

十三

洗鉢池頭弄玉荷，荷開浪滑畫船多。
不知何日蘋洲岸，重聽徐郎水調歌。

十四

歸棹原期七夕前，維摩因病暫相牽。
那知看過穿針會，無數傷心到眼邊。

十五

玉碎花殘畫閣前，相依無計說相憐。
只今掩面看歌舞，愁殺天涯玳瑁筵。

十六

池塘秋水碧粼粼，細草沿堤軟似茵。
寄語高樓休挾彈，鴛鴦終是一心人。

十七

鵲腦將殘酒再斟，此生何以報知音。
斷紈碎墨無多語，珍重文人一片心。

十八

征鞍每歲愁中跨，短棹今年病裏還。
自是離人無限淚，平添秋水到吳關。

十九

別時爾母病闌珊，門戶蕭條藥餌難。
他日高堂強飯後，臨風覓紙報平安。

二十

瓊花觀裏無窮樹，雪壓霜欺總不妨。
獨有一枝憔悴甚，願邀雨露到東皇。

冒辟疆三觀《燕子箋》(其三)

清順治十七年庚子，舊友陳瑚自太倉至如皋訪冒辟疆。陳瑚號確庵，崇禎十六年舉人，入清不仕，以經學名世，又能舞劍射箭，亦一奇人也。辟疆於水繪園得全堂為陳設宴，並命家班演劇《燕子箋》。陳拒之云自明亡後不觀歌舞，辟疆強之。歌未半，陳瑚復避席辭之，稱“古人當歌而哭，謂不及情，然憂從中來，竊有所感而不能舍然也”。陳言其道路所經、所見皆馬矢駝塵，黃沙白草；問昔年之故人，死者死而老者老矣。其詩《揚州雜感》云，“春衫夜踏瓊花觀，綺席新歌《燕子箋》”“撫今追昔，能不泫然，而忍復終此曲哉”。

冒辟疆聞言仰天而歎云：“君其有感於《燕子箋》乎？予則更甚！不見（吳）梅村祭酒之所以序予者乎？猶憶金陵罵座時，悲壯激昂，奮迅憤懣，或擊案，或拊膺，或浮大白，且飲且詬詈。一時伶人皆緩歌停拍，歸告懷寧（阮大鋮），而禍且不旋踵至矣。當是時，《燕子箋》幾殺予。迄於今，懷寧（阮大鋮）之肉已在晉軍，梨園子弟復更幾主，吾於子尚俯仰醉天，偃蹇濁世，興黃塵玉樹之悲，動喚宇彈翎之怨，謂之幸耶？謂之不幸耶？予之教此童子也，風雨瀟瀟，則以為荊卿之歌；明月不寐，則以為劉琨之笛。及其追維生死，憑弔舊遊，則又以為謝翺之竹如意也。”

“懷寧之肉已在晉軍”者，取意“晉軍三役古無多”。謝翺句，用宋謝翺《登西台慟哭記》“以竹如意擊石”之典，意作楚歌而招魂。此數語也，辟疆之於《燕子箋》之複雜情緒畢見，非陳瑚者所能比擬。

若樸堂主人詩云：

他家曲亦自家歌，淚笑誰分哪更多。
兩碎竹石平舊怨，今生愛恨可如何。

他家曲亦自家歌，淚笑誰分哪更多。
兩碎竹石平舊怨，今生愛恨可如何。

范梅強書靳飛詩作

【附】

得全堂夜宴記

［明末清初］陳瑚

予之倦觀歌舞也，十有七年矣。客歲館太原王氏，其家有伶人張者，年七十五能唱大江東曲。主人召之為予歌，不勝何戡舊人之感。今歲庚子夏，乘戎馬，間從一弟子，劍書襆被，發虞山，過梁溪，歷毗陵朱方，乃渡京口，上廣陵，復紆迴之陽山，折海陵而始至雉皋，訪冒子巢民。冒子時臥病，聞予至，急披衣起，呼其二公子穀梁、青若迎予水繪庵。其明日，開得全堂，延予入，酒行樂作。予色變，起固辭，而重違冒子意，乃復坐。客有稱《燕子箋》樂府譜自懷寧來者，因遂命歌《燕子箋》，迴風舞雪，落塵遏雲。忽念吾其年（陳維崧）《秦簫》《楊枝》諸詞，真賞音者也。歌未半，予避席興揖冒子曰："止。"客問曰："何為？"予曰："古人當歌而哭，謂不及情，然憂從中來，竊有所感而不能舍然也。昔崇禎壬午，予遊維揚，維揚者，吾師湯公惕庵宦遊地也，予與冒子同出公門，因得識冒子。冒子飾單騎，鮮衣裳，珠樹瓊枝，光動左右。予嘗驚歎以為神仙中人。時四方離亂，淮海宴如，十二樓之燈火猶繁，二十四橋之明月無恙。予寓魯子戴馨家，魯子為予置酒，亦歌《燕子箋》。一時與予交者，冒子、魯子而外，尚有王子螺山、鄭子天玉諸君，皆年少，心壯氣豪。自分掉舌握管，驅馳中原，不可一世。曾幾何時，而江河陵谷一變至此。顧予來遊，計道路所經，為府者四，為州者二，為縣者九，為里一千有二百，為時五十有一日，所見皆馬矢駝塵、黃沙白草。問昔年之故人，死者死而老者老矣。予《揚州雜感》有曰，'春衫夜踏瓊花觀，綺席新歌《燕子箋》'。撫今追昔，能不泫然，而忍復終此曲哉！"

冒子仰天而歎，已乃顧予而笑曰："君其有感於《燕子箋》乎？予則更甚！不見（吳）梅村祭酒之所以序予者乎？猶憶金陵罵座時，悲壯激昂，奮迅憤懣，或擊案，或拊膺，或浮大白，且飲且詬詈。一時伶人皆緩歌停拍，歸告懷寧（阮大鋮），而禍且不旋踵至矣。當是時，《燕子箋》幾殺予。迄於今，懷寧（阮大鋮）之肉已在晉軍，梨園子弟復更幾主，吾於子尚俯仰醉天，偃蹇濁世，與黃塵玉樹之悲，動喚宇彈翎之怨，謂之幸耶？謂之不幸耶？予之教此童子也，風雨瀟瀟，則以為荊卿之歌；明月不寐，則以為劉琨之笛。及其追維生死，憑弔舊遊，則又以為謝翱之竹如意也。"

子曰"善"。冒子遂命畢曲焉，三作三終，盡其技乃已，月亭午而客始罷去。

得全堂夜宴後記

［明末清初］陳瑚

歌《燕子箋》之日，座上客為誰？佘子公佑，錢子季翼、持正，石子夏宗，張子季雅、小雅，宗子裔承，郜子昭伯，冒子席仲，皆吾師樽瓠趙先生之門生故舊也。談先生遺言往行，相與歎息。越一日，諸君招余復開樽於得全堂，伶人歌《邯鄲夢》。伶人者，即巢民所教之童子也，徐郎善歌，楊枝善舞，有秦簫者，解作哀音，每一發喉，必緩其聲以激之，悲涼倉兄，一座欷歔。

主人顧予而言曰：“嗟乎！人生固如是夢也。今日之會，其在夢中乎？”予仰而歎，俯而躊躇久之，乃大言曰：“諸君子知臨川先生作此之意乎？臨川當朝廷苟安之運，值執政攬權之時，一時士大夫皆好功名、嗜富貴，如青蠅，如鶩鳥，汲汲營營，與邯鄲生何異？嘗憶故老為予言臨川遺事云，江陵欲貴其子，求天下名流，以壓群望。有以鬱輪袍故事動臨川者，臨川不受。既過一友家，某亦名士，臨川言之，某色色動。臨川曰：‘欲之耶？’某曰：‘如後日何？’臨川曰：‘果爾，公則有疏，私則有書，可以報相公也。’其人果得元遂，以書力諫而去。若臨川者，亦可為狂流之一柱也。其作《邯鄲》也，義形於外，情發於中。冀欲改末俗之頹風，消斯人之鄙吝，一歌之中三致意焉。嗚呼！臨川意念遠矣。豈惟臨川，古之人皆然。鶉首之剪，翟犬之賜，亦當時君子眷念宗周，與懷故國。怪夫強暴如秦，何以一天下；悖逆如趙，何以享晉國。涕之無從，不得已而呼天，笑曰：'此必醉天為之，此必夢天為之。' 史臣不察，載之冊簡。後人信之，遂為美談，千百年仁人志士之苦心湮滅盡矣。甚至有藉昔人之寓言，助二氏夢幻泡影之說，將使天地間有形有跡之物，大丈夫莫大莫遠之任，一切付之雲飛煙散、酒闌夢覺間。嗚呼！有是理耶！物之有生必有死也，有始必有終也。二氏畏之而思避之，避之不得，乃設為妄誕之辭，以炫惑當世。吾儒之道與天地同其健，與日月同其明，與山川草木鳥獸魚龍同其變化。且天賴以成，地賴以平，日月賴以明，山川草木鳥獸魚龍賴以咸若。有物必終，有形皆死，而吾道獨無窮極也，其可諉之一夢已耶。今吾與諸君子同遊吾師之門，皆有志為古人之學。吾師往矣，而其剛果之氣，挺然不拔之操，尚有能言之者，當與諸君子共勉之。何夢之足云？"

諸君起謝曰："善。敢不早夜以思，從吾子之訓，毋忘今日之盟也。"

桃花扇·偵戲

[清] 孔尚任

（副淨扮阮大鋮憂容上）

【雙勸酒】[1]前局盡翻，舊人皆散[2]；飄零鬢斑，牢騷歌懶；又遭時流欺謾，怎能得高臥加餐？

下官阮大鋮，別號圓海。詞章才子，科第名家；正做著光祿吟詩[3]，恰合著步兵愛酒[4]。黃金肝膽，指顧中原。白雪聲名，馳驅上國。可恨身家念重，勢利情多；偶投客魏之門，便入兒孫之列。那時權飛烈焰，用著他當道豺狼。今日勢敗寒灰，剩了俺枯林鴞鳥[5]。人人唾罵，處處擊攻。細想起來，俺阮大鋮也是讀破萬卷之人，什麼忠佞賢奸，不能辨別？彼時既無失心之瘋，又非汗邪之病，怎的主意一錯，竟做了一個魏黨？（跌足介）才題舊事，愧悔交加。罷了，罷了！幸這京城寬廣，容的雜人，新在這褲子襠裏

---

❶【雙勸酒】：暖紅室本眉批曰："聲調可憐。"

❷"前局盡翻"二句：謂魏忠賢失勢以後，魏黨盡數散去的局面。前局，指魏忠賢專權時的局面。舊人，指魏黨。

❸ 光祿吟詩：阮大鋮以顏延之自比。南朝詩人顏延之，曾官至金紫光祿大夫。光祿，官名。明末崇禎即位後，阮大鋮彈劾崔呈秀、魏忠賢，攻擊東林黨，被升任為光祿卿，旋即被罷。

❹ 步兵愛酒：阮大鋮以阮籍自比。南朝詩人阮籍，曾官至步兵校尉，嗜酒，故有步兵愛酒之說。

❺ 鴞鳥：一種惡鳥，比喻兇惡之人。

買了一所大宅[1]，巧蓋園亭，精教歌舞，但有當事朝紳，肯來納交的，不惜物力，加倍趨迎。倘遇正人君子，憐而收之，也還不失為改過之鬼。（悄語介）若是天道好還，死灰有復燃之日，我阮鬍子呵，也顧不得名節，索性要倒行逆施了。這都不在話下。昨日文廟丁祭，受了復社少年一場痛辱，雖是他們孟浪，也是我自己多事。但不知有何法兒，可以結識這般輕薄。（搔首尋思介）

【步步嬌】小子翩翩皆狂簡[2]，結黨欺名宦，風波動幾番。捋落吟鬚，捶折書腕。無計雪深怨，叫俺閉戶空羞赧。

（丑扮家人持帖上）地僻疏冠蓋[3]，門深隔燕鶯。稟老爺，有帖借戲。（副淨看帖介）通家教弟陳貞慧拜[4]。（驚介）呵呀！這是宜興陳定生，聲名赫赫，是個了不得的公子，他怎肯向我借戲？（問介）那來人如何說來？（丑）來人說，還有兩位公子，叫什麼方密之、冒辟疆[5]，都在雞鳴埭上吃

---

❶ 褲子襠：金陵地名，即庫司坊，與"褲子襠"諧音。阮大鋮曾購宅於此，被人稱為"褲子襠裏阮"。甘熙《白下瑣言》曰："阮大鋮宅在城南庫司坊（即今小門口處），世人穢其名曰'褲子襠'。""褲子襠"地名是否因阮大鋮而起，不確。暖紅室本眉批曰："阮鬍所住褲子襠，今人皆避而不居，地以人廢矣。"

❷ 狂簡：指年輕人因自負高志而顯得狂妄的樣子。語出《論語．公冶長》，原文為："吾黨之小子狂簡，斐然成章，不知所以裁之。"

❸ 冠蓋：原指官員戴的帽子和所乘的車蓋，借指官員。

❹ 通家：指世交。

❺ 方密之、冒辟疆：即方以智、冒襄，與侯方域、陳貞慧稱"明末四公子"，是當時社會名流。方以智，名密之，桐城（今屬安徽）人，明崇禎十三年（1640）進士。明亡後，出家為僧。冒辟疆，名襄，如皋（今屬江蘇）人。明諸生。復社骨幹。入清後，讀書自娛，拒絕出仕。著有《水繪園詩文集》等。

酒[1]，要看老爺新編的《燕子箋》[2]，特來相借。（副淨吩咐介）速速上樓，發出那一副上好行頭[3]，吩咐班裏人梳頭洗臉，隨箱快走。你也拿帖跟去，俱要仔細著。（丑應下。雜抬箱，眾戲子繞場下。副淨喚丑介）轉來。（悄語介）你到他席上，聽他看戲之時，議論什麼，速來報我。（丑）是。（下。副淨笑介）哈哈！竟不知他們目中還有下官，有趣，有趣！且坐書齋，靜聽回話。（虛下。末巾服扮楊文驄上）周郎扇底聽新曲，米老船中訪故人[4]。下官楊文驄，與圓海筆硯至交[5]，彼之曲詞，我之書畫，兩家絕技，一代傳人。今日無事，來聽他燕子新詞，不免竟入。（進介）這是石巢園[6]，你看山石花木，位置不俗，一定是華亭張南垣的手筆了[7]。（指介）

---

❶ 雞鳴埭：即雞籠山，今南京之雞鳴寺，南京名勝之一。

❷《燕子箋》：阮大鋮傳奇作品之一。

❸ 行頭：戲曲專用名詞，指演戲所用的服飾、道具等。

❹“周郎扇底聽新曲”二句：周郎，指周瑜，其人精通音律。扇底，化用蘇軾《念奴嬌》中所言周瑜“羽扇綸巾”之典故。因阮大鋮創作傳奇，也懂音律，故將他比作周瑜。米老，指米芾，北宋著名書畫家。船中，化用米芾常攜書畫乘舟遊覽之典故，此處為楊文驄自比米芾。

❺ 筆硯至交：比喻詩友、文友。暖紅室本眉批曰：“兩家絕技今俱傳矣，以人品論，稍屈龍友。”

❻ 石巢園：阮大鋮私家園林之名，位於南京城南庫司坊，他在此創作傳奇四種。

❼ 張南垣：名漣，上海華亭（今上海松江）人，明末清初著名的園林建築家，無錫寄暢園是其代表作。

【風入松】花林疏落石斑斕，收入倪、黃畫眼[1]。（仰看，讀介）詠懷堂，孟津王鐸書[2]。（讚介）寫的有力量。（下看介）一片紅毹鋪地[3]，此乃顧曲之所[4]。草堂圖裏烏巾岸，好指點銀箏紅板。（指介）那邊是百花深處了，為甚的蕭條閉關，敢是新詞改，舊稿刪。

（立聽介）隱隱有吟哦之聲，圓老在內讀書。（呼介）圓兄，略歇一歇，性命要緊呀！（副淨出見，大笑介）我道是誰，原來是龍友。請坐，請坐！（坐介。末）如此春光，為何閉戶？（副淨）只因傳奇四種，目下發刻[5]，恐有錯字，在此對閱。（末）正是，聞得《燕子箋》已授梨園[6]，特來領略。（副淨）恰好今日全班不在。（末）那裏去了？（副淨）有幾位公子借去遊山。（末）且把鈔本賜教，權當《漢書》下酒罷。（副淨喚介）叫家僮安排酒酌，我要和楊老爺在此小飲。（內）曉得。（雜即排酒果介。末、副淨同飲，看書介）

---

❶ 倪、黃：指倪瓚、黃公望，皆為元代著名山水畫家。倪瓚，字元鎮，無錫（今屬江蘇）人。黃公望，字子久，《富春山居圖》為其代表作。

❷ 王鐸：字覺斯，號十樵、嵩樵，孟津（今屬河南）人，明末清初書法家。

❸ 紅毹：即紅氍毹。氍毹，原指毛織地毯，多為紅色，故稱。古代戲曲、歌舞演出常在廳堂的地毯上表演，後借指戲曲演出。

❹ 顧曲：謂欣賞音樂或戲曲。典自三國周瑜事，周瑜精通音樂，酒席間，如表演有誤，他必知之，知之必回頭看，故有“周郎顧曲”之說。顧，回頭看。

❺ 發刻：發覆刻印。

❻ 梨園：原指唐玄宗在梨園教授歌舞，後來將戲班、家班稱為梨園，戲班藝人稱為梨園弟子。

【前腔】[1]（末）新詞細寫烏絲闌[2]，都是金淘沙揀。簪花美女心情慢[3]，又逗出煙慵雲懶[4]。看到此處，令人一往情深。這燕子銜春未殘，怕的楊花白，人鬢斑。

（副淨）蕪詞俚曲，見笑大方。（讓介）請乾一杯。（同飲介。丑急上）傳將隨口話，報與有心人。稟老爺，小人到雞鳴埭上，看著酒斟十巡，戲演三摺，忙來回話。（副淨）那公子們怎麼樣來？（丑）那公子們看老爺新戲，大加稱讚。

【急三槍】點頭聽，擊節賞，停杯看。（副淨喜介）妙，妙！他竟知道賞鑒哩。（問介）可曾說些什麼？（丑）他說真才子，筆不凡。（副淨驚介）阿呀呀！這樣傾倒，卻也難得。（問介）再說什麼來？（丑）論文采，天仙吏，謫人間。好教執牛耳，主騷壇。

（副淨佯恐介）太過譽了，叫我難當，越往後看，還不知怎麼樣哩。（吩咐介）再去打聽，速來回話。（丑急下。副淨大笑介）不料這班公子，倒是知己。（讓介）請乾一杯。俺呵。

【風入松】南朝看足古江山，翻閱風流舊案。花樓雨榭

---

❶【前腔】：暖紅室本眉批曰：“譜雞鳴埭聽曲謾罵之狀，而譜石巢園偵戲喜怒之情，文筆高絕。”

❷ 烏絲闌：也稱烏絲欄，指紙上或絹上畫成或織成直行的黑格線。用紅色，稱朱絲闌。

❸ 簪花美女：比喻詩文、書法娟秀、妍媚。典自南朝袁昂《古今書評》：“衛恒書如簪花美女，舞笑鏡台。”

❹ 逗：引。煙慵雲懶：指《燕子箋》劇中書生霍都梁與妓女華行雲、女子酈飛雲纏綿悱惻的愛情故事。

燈窗晚，嘔吐了心血無限。每日攜琴對牆彈，知音賞，這一番。

（末）請問借戲的是那班公子？（副淨）宜興陳定生、桐城方密之、如皋冒辟疆，都是了不得學問，他竟服了小弟。（末）他們是不輕許可人的，這本《燕子箋》詞曲原好，有什麼說處？（丑急上）去如走兔，來似飛烏，稟老爺，小的又到雞鳴埭，看著戲演半本，酒席將完，忙來回話。（副淨）那公子又講些什麼？（丑）他說老爺呵！

【急三槍】是南國秀，東林彥，玉堂班[1]。（副淨佯驚介）句句是讚俺，益發惶恐。（問介）還說些什麼？（丑）他說為何投崔、魏，自摧殘。（副淨皺眉，拍案惱介）只有這點點不才，如今也不必說了。（問介）還講些什麼？（丑）話多著哩，小人也不敢說了。（副淨）但說無妨。（丑）他說老爺呼親父，稱乾子，忝羞顏，也不過仗人勢，狗一般。

（副淨怒介）呵呀呀！了不得，竟罵起來了，氣死我也！

【風入松】平章風月有何關[2]？助你看花對盞，新聲一部空勞讚。不把俺心情剖辯，偏加些惡諢毒訕，這欺侮受應難。

（末）請問這是為何罵起？（副淨）連小弟也不解，前日好好拜廟，受了五個秀才一頓狠打。今日好好借戲，又受這三個公子一頓狠罵。此後若不設個法子，如何出門。

---

❶ 南國秀，東林彥，玉堂班：誇獎阮大鋮的文才。南國，指阮氏出身於南方。東林，阮氏在投靠魏忠賢前，曾依附東林黨人左光斗。彥，優秀人才。玉堂，即翰林院。

❷ 平章：評論。

（愁介。末）長兄不必氣惱，小弟倒有個法兒，未知肯依否？（副淨喜介）這等絕妙了，怎肯不依？（末）兄可知道，吳次尾是秀才領袖，陳定生是公子班頭，兩將罷兵，千軍解甲矣。（副淨拍案介）是呀！（問介）但不知誰可解勸？（末）別個沒用，只有河南侯朝宗，與兩君文酒至交，言無不聽。昨聞侯生閒居無聊，欲尋一秦淮佳麗。小弟已替他物色一人，名喚香君，色藝皆精，料中其意。長兄肯為出梳櫳之資，結其歡心，然後託他兩處分解，包管一舉雙擒。（副淨拍手，笑介）妙妙！好個計策。（想介）這侯朝宗原是敝年姪[❶]，應該料理的。（問介）但不知應用若干？（末）妝奩酒席，約費二百餘金，也就豐盛了。（副淨）這不難，就送三百金到尊府，憑君區處便了。（末）那消許多？

（末）白門弱柳許誰攀[❷]，

（副淨）文酒笙歌俱等閒。

（末）惟有美人稱妙計，

（副淨）憑君買黛畫春山。

（引自謝雍君、朱方遒評註《桃花扇》，

中華書局 2016 年 11 月版）

---

❶ 年姪：科舉時代，同年登科的士子，稱同年。同年之子，稱年姪。暖紅室本眉批曰："為年姪覓妓，而曰應該料理，喪心語也。"

❷ 白門：南朝宋時，建康（今江蘇南京）城的宣陽門，俗稱白門。後作南京的別稱。

水繪園家班（其一）

明季及清季前半盛行家班，即私家劇團，除自家演劇待客外，亦可承應友好日常宴飲。冒辟疆青年時居南京即嗜劇且有顧曲周郎之譽，歸隱如皋後自組家班，太倉瞿有仲《巢民冒先生五十榮壽序》云，“及遭喪亂，遂謝知交，閉戶不出，日坐水繪園中，聚十數童子，親授以聲歌之技，示無意天下，用此何為者”。其家班之年長者為陳九與朱音仙，並兼教授戲劇之責。陳九擅撾鼓，則應擅徐渭之《狂鼓吏漁陽三弄》，亦名《漁陽撾》。朱音仙為蘇州人，曾為阮大鋮家班成員，亦擅琵琶，阮死投冒。周絢隆著《陳維崧年譜》記黃州李載字子谷，嘗客如皋，作有《長干行》，引云，“朱子音仙為阮懷寧（阮大鋮）梨園子弟，以聲技得授遊擊將軍。懷寧（阮大鋮）敗，薄遊滇粵，復歸長干（南京）。壬戌人日，相識於冒巢民先輩家。酒坐既酣，聽說平生時事，感而賦此”。吳偉業《祝冒辟疆社盟翁先生雙壽序》有云，“乃有梨園舊工，自云向事皖司馬（阮大鋮），為之主謳，江上視師之役，同輩皆得典兵，黃金橫帶，夫執干戈以衛社稷，付之俳優侏儒，而猶與君黨講恩仇而爭勝負，用仕局為兵機，等軍容於兒戲，不亦可嗑然一笑乎”。偉業先生所云事，或源出朱音仙也。冒氏家班之《燕子箋》，自是音仙傳阮家演法無疑。

若樸堂主人詩云：

演劇居然派統兵，蒼天所以滅南明。
音仙不比龜年老，卻唱同時飲恨聲。

青島陳北人兄讀余《南通筆記》，以《水繪園》一首寄余：

如皋風物似江南，名士名園匯雅談。
故國有明身所繫，半生淚語影梅庵。

演劇居然派統兵，蒼天所以滅南明。
音仙不比龜年老，卻唱同時飲恨聲。

范梅強書靳飛詩作

水繪園家班（其二）

冒辟疆家班最知名者，曰紫雲，曰楊枝，曰秦簫，三名俱源於古曲，當為辟疆所賜。

紫雲姓徐，號曼殊，世稱雲郎，約生於明崇禎十七年甲申，歿於清康熙十二年清明前夕，得年僅三十歲。工旦角，能歌能舞，且能吹奏簫笛及彈奏三弦，色藝冠絕當時，為王紫稼即吳偉業之所謂王郎之後，最具影響之崑劇藝術家。其十五歲時於水繪園遇宜興才子陳維崧，陳驚其"橫波漾清麗""一聲兩聲秋雁叫，千縷萬縷春蠶絲。滌除胸臆忽然妙，檢點腰身無不為"，乃為之傾倒，竟不能自已。辟疆遂"夜遣青童伴讀書"，冒有詩云："陳子奇才亂典墳，陳子癡情癡若雲。世間知己無如我，不遣雲郎竟與君。"維崧又乞南通畫家陳鵠繪《紫雲出浴圖》，遍邀天下名士題詠，此有清一代之第一梨園風流佳話，近人冒鶴亭著《雲郎小史》，敘之最詳。

康熙七年三月陳維崧北上進京，不告辟疆而攜紫雲同行，挽襲鼎孳為其說項，龔書致辟疆云，"弟以老盟翁一片深情，生平憐他人過於自憐，憐其年（陳維崧）又當過於憐雲郎，定無後督意也"，辟疆亦竟置而不問。

紫雲抵京即躥紅，崑劇於明天啟前後盛行京師，鼎革後一度消沉，其復興者以王紫稼徐紫雲厥功至巨。張次溪《雲郎小史》序言，“當康熙戊申，雲郎年才二十有五，隨陳其年（維崧）入都，日下勝流，震其聲名，爭欲一聆佳奏。南腔北播，菊部歌兒多摹其音，於是京邑劇風為之一變”。王徐之後，《長生殿》《桃花扇》相繼而出，崑劇遂能繼盛於清。

惜維崧仕途淹蹇，累及紫雲。紫雲復隨維崧輾轉河南、紹興各地，窮愁潦倒，終死維崧故鄉並葬於茲。

若樸堂主人詩云：

鳳凰相隨共苦窮，才高藝美兩空空。
雲郎薄命名難朽，現在猶留畫影中。

若樸堂主人又作《臨江仙·陳維崧逝後三百四十年初遊如皋水繪園，親為白雲峰丁劍陽諸君敘冒辟疆董小宛陳維崧徐紫雲故事》，詞云：

水繪名園佳麗冷，盆松不改蒼青。風流另有陳迦陵。雲郎歌已佚，畫影跡浮萍。　三百餘年心老舊，江湖幾度零丁。如今面對池中亭。聽憑一灑淚，無處道曾經。

范梅強書靳飛詩作

鳳鳳相隨共苦窮，才高藝美兩空空。
雲郎薄命名難朽，現在猶留畫影中。

水繪園家班（其三）

楊枝者，亦工旦角，能歌舞，又以舞更出眾，陳維崧《楊枝曲》謂之“緩舞珊珊屏後來，嬌歌嫋嫋燈前落”；通文墨，冒辟疆於康熙八年致函龔鼎孳曾云，“小奴楊枝三月望前抵寒舍，正與諸叒（音若，友也）小集，急燒銀蠟，快誦數十過”，楊枝所誦者，則龔之《冒母馬恭人八十壽序》也。

秦簫者亦名秦青，工生角，能唱北曲。太倉陳瑚詩云，“秦簫北曲響摩天，刻羽流商動客憐。擬譜唐宮凝碧恨，海青心事倩伊傳”。

徐紫雲楊枝秦簫三人為冒辟疆家班主演，所演劇目有《燕子箋》《牡丹亭》《邯鄲夢》《牧羊記》《解歌妓》《紫玉釵》《漁陽弄》諸劇，且能即興將冒氏同人唱和詩詞翻唱為曲，所獲題詠尤多。然三人似有所不睦，某次陳維崧將離如皋，有詩《將發如皋留別冒巢民先生》，句有“阿雲（徐紫雲）久侍予，憐其母新斃。坦率易失歡，與人多睚眥”，似應即有所指。後紫雲隨陳維崧北上，竟再未返皋，楊枝秦簫則老於水繪園。

康熙十年元月冒辟疆覆龔鼎孳中云，“楊枝小奴，何物細微，亦沾筆墨，烏屋垂青，推及蟣蝨。第悵秦簫福薄，已成廢人，經春頭目如錐，復臥不起矣。因先生垂注，並為及之”。鄧漢儀亦有詩《後演劇行》云：“紫雲已逝楊枝槁，陳郎淺土埋櫻桃。剩有秦簫雙耳塞，合肥不在形酕醄。”合肥即龔鼎孳，酕醄言大醉狀。由此知冒氏家班之全盛時代，約於康熙十一二年間已告終結矣。鄧詩中之“陳郎”，係與紫雲等同時之歌童。

若樸堂主人詩云：

名伶美女命相關，豈許人間見敗顏。
只剩周郎猶顧曲，堂前獨唱鬢斑斑。

名伶美女命相關，豈許人間見敗顏。
只剩周郎猶顧曲，堂前獨唱鬢斑斑。

范梅強書靳飛詩作

水繪園家班（其四）

冒辟疆衰年猶聲歌不輟，親授水繪園第三代劇人，留名者有：

小徐郎，徐紫雲之姪。陳維崧於康熙二年五月作詩《書小徐郎扇》，“旅舍蕭條五月餘，菖蒲花下獨躊躇。宴前忽聽鶯喉滑，此是徐家第幾雛”。

小楊枝，楊枝之子。清康熙中鈕琇《觚賸》曾引邵青門詩，“唱出陳髯絕妙詞，燈前認取小楊枝。天公不斷消魂種，又值春風二月時”。

吳江吳鏘《得全堂席上戲賦贈三小史》，其一《徐雛彬如小字花乳》，詩云：“雛鳳當年事可傳，雛兒此日倍堪憐。喉同鶯囀聲聲脆，曲比珠明字字圓。何必心傷追往昔，總教腸斷是當筵。雉皋若不逢司憲，怎識風流第一仙。”此徐雛是否即小徐郎，已無從判斷。

其二《金菊芳男》，詩云：“看遍風前掌上身，果然宜喜復宜嗔。記來豔曲皆紅豆，掃去繁花盡錦茵。乍見似曾相識夜，細思無可奈何春。停尊忽憶仙裳句，腸斷魂消是此人。”仙裳即詩人黃仙裳，亦曾為金菊題詠。

其三《金二菊韋杜》，詩云："老年魂夢又揚州，小菊逢場世莫儔。林泰而今難獨步，王郎當日未風流。名花傾國香盈座，皎月中天鶴唳秋。憶得趙家誇姊妹，昭陽合德最溫柔。"則金菊、金二菊係兄弟也。

吳鏘又云曾觀金菊等所演之《吳越春秋》。

另有名靈雛者，係陳九之子，擅畫。

迄至康熙二十八年己巳，冒辟疆八旬之際，致函友人云，"家生十餘童子，親教歌曲成班，供人劇飲，歲可得一二百金，謀食款客。今歲儉，少宴會，經年坐食，主僕俱入枯魚之肆矣。"冒氏竟以家班外出演劇補貼生活，水繪之盛再難繼矣。

若樸堂主人有詩云：

逢冬亦信有春花，晚歲艱難王謝家。
授曲新聲誰見賞，聽憑冷落住江涯。

范梅強書靳飛詩作

逢冬亦信有春花，晚歲艱難王謝家。
授曲新聲誰見賞，聽憑冷落住江涯。

冒辟疆與洪門幫主

洪門幫以援助孫中山、建立致公黨、支持共和國創建而為近人所熟知。洪門之發端，民國朱琳著《洪門志》以為在康熙時期，以反清復明為宗旨。其一說者，明末江西南豐人湯惕庵化名殷洪盛，為始創幫主。湯惕庵名來肇，字佑平，號惕庵，崇禎十三年進士，授揚州推官；明亡後為史可法賞識而任職南京，旋因彈劾權臣馬士英，出任粵東海監。其後與謀擁戴隆武帝福建登基，兵敗潛回故里，秘設洪門，自任幫主，聯絡各方，謀圖恢復。

湯惕庵居揚州南京時，與冒辟疆有師生之誼。先是有惕庵門生太倉陳瑚於順治十七年至如皋訪冒，陳瑚者，激憤悲壯之士，義不仕清，與冒會晤時露悲憤之色，慷慨陳情。迄至康熙二年冬，惕庵之子湯宮若復至如皋，冒辟疆有詩《湯宮若過訪贈別一首，並懷尊公惕庵先生》記之。冒詩云："寒風朔雪滿江村，上客扁舟枉見存。隋苑柳搖新白髮，邗溝月照舊朱門。才逢洗馬驚雄辯，但說鍾期有淚痕。歸去好隨彭蠡雁，為言衰謝負師恩。"

首聯實寫會面情景，中間兩聯憶及寧揚歲月，"才逢洗馬驚雄辯”當指惕庵指斥南明當政事。末聯雖謂贈別，彭蠡即鄱陽湖，謂之湯宮若將返江西，“為言衰謝負師恩”句則顯係拒絕之語，言其難從惕庵師命也。倘宮若此行果係代父暗裏串通，辟疆卻未允參與其事。

更有一疑者，冒氏於友人過訪水繪園，多邀集親友飲宴招待，演劇賦詩，收錄於《同人集》中。然湯宮若此行則僅存此一詩，亦未見召集眾友，正似別有機密。以事涉傳奇，書此備考。

若樸堂主人詩云：

椿椿公案不分明，姑妄言說莫論評。

洗馬雄辯仍貫耳，孟嘉氣度更從容。

椿椿公案不分明，姑妄言說莫論評。
洗馬雄辭仍貫耳，孟嘉氣度更從容。

范梅強書靳飛詩作

冒辟疆喜生食條蝦

明末四公子之冒辟疆於清康熙十八年己未有詩記食南通條蝦。冒云："海蝦盛於冬春，條蝦出五六月，肌腴味雋，長五寸，海上取得即食，鮮味難名。逾夕入城，非鹹即腐。恒與家人約百里放舟就食，阻於酷熱。今年三伏夜尚擁絮城市，忽得極鮮且大者，以五十枚餉二弟，志之以詩。"其詩云："蝦鮮繁種類，風味此為奇。拾得如蘆管，烹來勝蛤蜊。暑難攜百里，美正及茲時。急送書幃裏，無煩去海涯。"辟疆久居東海之濱，又嗜美食，早知海味生食最鮮，不可逾夜。是年辟疆年近古稀，猶戀此味不已，殊堪稱奇。其云"今年三伏夜尚擁絮城市"，以今物候研究知之，彼時在小冰期，氣候波動劇烈，是以三伏夜辟疆覺冷寒也，辟疆亦因之而得極鮮之蝦。南通海鮮江鮮並美，余則喜其文蛤帶魚，雖為尋常之物而有非常之味也。

若樸堂主人有詩讚曰：

早嗜魚生味最鮮，放舟百里古稀年。

三伏偶遇寒冷夜，忽報條蝦到嘴邊。

早嗜魚生味最鮮，放舟百里古稀年。
三伏偶遇寒冷夜，忽報條蝦到嘴邊。

范梅強書靳飛詩作

百歲人瑞葉嘉瑩論陳維崧詞

百歲人瑞葉嘉瑩以《唐宋詞十七講》蜚聲中外，其初在教育部講座，余即在現場，惜聽眾多白髮翁媼，今已十難存一矣。葉氏《清詞選講》論及陳維崧其年云，維崧之時代為“清朝的詞達到一個全盛的時代”，“清詞的流派裏面最重要的三派就是陽羨派以陳維崧為領袖，浙西派以朱彝尊為領袖，常州派則以張惠言為領袖”。維崧為明末復社四公子之陳貞慧之子，青年時如唐之馬周，貧困失意，遊蕩四方，幸遇冒辟疆激賞，寄食如皋多年，乃為士人所熟知。其稱陽羨派者，故實應以“陽羨一如皋”名之。葉嘉瑩氏義云，“陳維崧只是表面上的豪放，他盤桓沉鬱的地方真是不夠”，此確乎的論。然有不盡然者，徐釚《南州草堂詞話》舉陳維崧為南通琵琶名手白璧雙所作《摸魚兒》，依白氏彈奏之弦歌之，“聽者皆淒然泣下”。錢仲聯《元明清詞鑒賞辭典》亦收錄此首。陳詞之於當時也，得音樂家戲劇家之助，多可歌唱，尤多動人，此葉氏所未察者。陳維崧《摸魚兒》詞云：

是誰家、本師絕藝，檀槽掐得如許。半彎邏迦無情物，惹我傷今弔古。君何苦，君不見、青衫已是人遲暮。江東煙樹，縱不聽琵琶，也應難覓，珠淚曾乾處。

淒然也，恰似秋宵掩泣，燈前一對兒女。忽然涼瓦颯然飛，千年老狐人語。渾無據，君不見、澄心結綺皆塵土。兩家後主。為一兩三聲，也曾聽得，撇卻家山去。

邏迦為產於今拉薩之檀木，係製作琵琶之上好材料。澄心堂與結綺閣則為南唐與南朝陳之宮室。

若樸堂主人詩云：

百歲說詞老正紅，重興海內愛唐風。
評清陽羨誠精妙，卻忘歌郎助維崧。

青島陳永峰兄有詩《讀陳迦陵詞步靳飛兄韻為之》：

無人不曉董家女，哪個公評徐氏功。
逆旅紅塵皆有限，癡情何苦辯雌雄。

百歲說詞老正紅，重興海內愛唐風。
評清陽羨誠精妙，卻忘歌郎助維崧。

范梅強書靳飛詩作

陳維崧不知劇

陳維崧雖與水繪園歌童徐紫雲相伴日久，且詩詞每每言及戲劇，然其自稱實不知劇也。

維崧詞《賀新郎·自嘲用贈蘇崑生韻同杜于皇賦》有序，杜于皇即杜濬，長維崧十數歲，湖北黃岡人，字于皇，號茶村，明崇禎時副貢，入清不仕，與維崧為摯友。維崧於詞序中記云：

> 于皇曰：“朋輩中惟僕與其年（陳維崧）最拙。他不具論，一日旅舍風雨中，與其年杯酒閒談，余因及首席決不可坐，要點戲是一苦事。余嘗坐壽筵首席，見新戲有《壽春圖》，名甚吉利，亟點之，不知其斬殺到底，終坐不安。其年（陳維崧）云亦嘗坐壽筵首席，見新戲有《壽榮華》，以為吉利，亟點之，不知其哭泣到底，滿堂不樂。相與抵几大笑，何兩拙兩地兩筵兩劇，不謀而同也。故和此詞。”余因是亦有此作。

維崧此序所言，杜濬逢壽筵點戲，情節皆兇鬥打殺；而陳則誤以崑劇《壽榮華》為喜慶之戲。《壽榮華》為清初朱佐朝所作，記北宋滎陽節度使公羊贊父女離散故事，僅結局為團圓也。維崧雖舉是劇自嘲不知劇，然因其為新劇，亦不無自謙意也。維崧《賀新郎》詞云："高館燈如繡。屈指算、攝衣登座，放顛時有。慣罵孟嘗門下客，無過鳴雞盜狗。吾寧與、灌夫為友。曾被兩行官伎哂，玳筵前、一片喧聲透。香醪潑，污紅袖。　歡場百戲魚龍吼。卻何來、敗人意興，難開笑口。自顧無聊惟直視，奪得鸞篦搔首。叱若輩、何堪祇候。事後極知余謬誤，恰流傳、更有黃岡叟。疏狂態，誰甘後。" 據詞而言之，所謂不知劇者，亦文士情緒耳。

若樸堂主人詩云：

詩人文字漫當真，時有雌黃道自身。
啼笑哭歌應不假，輕言證史費元神。

詩人文字漫當真，時有雌黃道自身。
啼笑哭歌應不假，輕言證史費元神。

范梅強書靳飛詩作

冒辟疆登狼山詩

如皋冒辟疆先生，名襄，號巢民，又號樸庵，蒙古後裔而為晚明復社四公子之一，入清不仕，娶姬董小宛，築水繪園，天下風流傾動，才子名士比肩而至，有江夏無雙之譽。余少年時奉冒辟疆為偶像，我師張中行翁亦然。自昨年始居南通，已三謁水繪名園矣。如皋友人知我，急以冒氏全集寄至在通居所，開卷即見冒有《登狼山》五律二首。其一云："老預仙流坐，尋山到海隅。曠眠窺日早，峭拔入雲孤。白辨吳門練，青瞻楚甸蒲。看君有飛舄，帶水藐江湖。"其二云："坼堠淨無煙，攔賓藉草芊。四賢同羽蓋，十里轉花田。尚望茲遊續，歸盤片石懸。長教後來者，讀罷意飛騫。"此當係辟疆攔來訪友人共遊狼山之作。其一言登高固可望遠，然遠雖遙見李太白所謂之"吳門練"，近則郊迴多蒲柳之姿也。冒氏復用"帶水"，即引船入港之嚮導。其意指願長居桑梓，繁華姑蘇近在咫尺而不屑因之再入江湖也。其二為遊山紀實，狼山有四賢祠，在葵竹書房處，嘉靖時州判高節始建，祀宋范仲淹胡安國岳武穆文天祥，後以傾頹而於康熙六十一年南通州進士丁挺夫移祠至軍山，在今雲泉寺處。冒詩“歸盤片石懸”者，應指狼山北絕壁之招隱台定心石，為狼山之最險絕處。冒氏乃藉以點題，再明心跡。余若未到狼山，無從解其出典，何由得解冒氏二詩也。後來者若樸堂主人長歎云：

吳門楚甸兩重天，欲入仙流不羡賢。
笑問浮生生未半，佳人可許共參禪。

清華園才子王君一舸和云：

河伯江神逢際會，狼山一望古今中。
連波萬里峰頭見，催動長風亂海紅。
相見春風無管弦，何為秋色共霜天。
風流雲散阿誰問，不在天風海雨邊。

若樸堂主人另有《偕胡東海登狼山望江亭》一首云：

江在末遊顯巨川，下連碧海上連天。
人生過半心方闊，閒倚狼山數萬船。

吳門楚甸兩重天，欲入仙流不羡賢。
笑問浮生生未半，佳人可許共參禪。

范梅強書靳飛詩作

【附】

白狼觀海

［宋］王安石

萬里崑崙誰鑿破，無邊波浪拍天來。
曉寒雲霧連窮嶼，春暖魚龍化蟄雷。
閬苑仙人何處覓？靈槎使者幾時回？
遨遊半是江湖裏，始覺今朝眼界開。

登五狼同戴務旃無忝范女受賦

［清］陳維崧

我今拾級登五狼，彥龍安道同徜徉。天風吹我落天外，乾坤一氣殊青蒼，琳宮紺殿莽欹仄，丹崖翠巘紛低昂。解鞍頓轡一脫帽，掉臂直欲凌扶桑，須臾藉卉臨高岡，憑欄白晝陰風涼。江流注瀉靜如拭，萬頃窈窕玻瓈光，少焉蹙沫迴龍堂，喧豗鏜鞳聲鏗鏘，珠濤雪浪吼終古，蜃樓貝闕何琳琅。男兒哀樂不可當，倏爾懷古心悲傷。我聞此山始嬴政，掃除六國稱秦皇，揮鞭鞭石石入海，五老屹立形為僵。又聞隋煬駐帳殿，戎旃江水相輝煌，南朝天子歌玉樹，隔江此地磨干將。填胸興廢說不盡，與客且復趣傳觴，舉觴一酌吾竟醉，煙江之外吾家鄉。十年漂泊不自得，不如沙鳥隨帆檣，慘焉罷酒臥精舍，忽覺明月窺繩床。

登五狼山詩五首

張謇

琅山

春盡催遊興，城南薄笨勞。
山人爭強坐，香客各聯曹。
狼去岩花冷，鷹摩塔日高。
笠雲亭畔石，久坐聽松濤。

馬鞍山

地脈分琅右，峩嶷峙馬鞍。
談棋仙子石，垂釣客星竿。
世異瀨江遠，山荒到屐難。
蒙茸深磵裏，草木帶餘寒。

軍山

嶄絕真成削，禪關兀翠微。

路蟠危壁上，石礙斷雲飛。

林麓頑民燹，莓苔羽客扉。

四賢祠僅在，勺水薦芳菲。

劍山

劍石今何在，裨官附會窮。

有僧依佛病，無樹見山童。

土價栽花貴，香煙隔嶺通。

摩崖尋舊刻，古蘚著衣紅。

黃泥山

幽壑窮餘賞，林陰趁夕曛。

寺從山側見，水向路邊分。

軒檻詩龕敞，蔬薹廟祝耘。

便期肩一钁，種藥與鉏雲。

董小宛貼絨梅花扇子

秦淮八豔之董小宛，原名白，藝名雙成，字小宛，又字青蓮，才色為一時之冠。十九歲嫁冒辟疆為妾，盡洗鉛華，耽寂享恬，專學女紅，恒月餘不啟戶。數月後，剪綵織字，縷金迴文，無所不能，無一不精。刺繡以外，曾創製貼絨梅花扇子，最為精絕。冒辟疆《一剪梅》詞謂之，“閨中小婦弄精神，妍手偷春，老筆藏春”。常州錢維喬為乾隆二十七年舉人，嘗講學於如皋，作有《貼梅扇子歌》，句有“一枝巧綴妝前扇，疏影暄妍省便面，細剪俄看熨帖平，徐開恰使橫斜見”，其生動處，應是親見小宛所製扇。小宛於順治八年病歿，年僅二十八歲。其藝為冒氏女子仿效，冒辟疆之姪婦鄧繁禎有《題貼梅》詩，“怕叫春事委蒼苔，故使春花四序開。疏影暗香都可挹，卻無蜂蝶認枝來”。詩雖平平，然知其藝猶存。揚州八怪之汪士慎詩《題如皋周氏夫人貼梅瓣小幀》云：“憐取寒香散路塵，拈來片片帶餘春。夫人解得莊生夢，卻為梅花作幻身。”

近人鄧之誠《骨董瑣記》有《剪綵貼絨》：“《隨園詩話》云，如皋女子石氏學仙，戊辰進士石公如松之女，適沙又文，善琴棋，皋邑剪綵貼絨花鳥，自學仙始。按華亭王蘭蓀，學慧珠，適諸生程班，工製貼絨花卉，為世所稱，未知孰先孰後。後書潘曾瑩《董小宛貼梅扇子歌》，謂剪綵為之，知其來已久，非石氏創製也。”

可知小宛貼絨在其身後猶有流傳，倘傳之今日，則必稱“非遺”無疑。

若樸堂主人步汪士慎韻題之云：

小宛梅花各幻身，貼絨絕技為惜春。
多情累世佳公子，不取功名取可人。

呂鳳鼎公和作云：

名媛更特富才情，絨貼梅花藝最精。
可惜佳人仙去早，徒令公子恨難平。

范梅強書靳飛詩作

小宛梅花各幻身，貼絨絕技為惜春。
多情累世佳公子，不取功名取可人。

王士禛記軍山印度僧

清王士禛《池北偶談》記，南通軍山曾住印度僧，號羅漢，傳其明英宗時來華，清初猶健在，因遷濱海界而移居泰州。印度僧能於風雪中裸浴，百歲尚可以牙碎胡桃數十枚，見者無不異之。

若樸堂主人有詩讚曰：

毗盧羅漢駐軍山，閱遍中原二百年。
修到赤身迎夜雪，回頭彌望大江灣。

呂鳳鼎公和作云：

應是軍山膺佛緣，毗盧和尚遠討單。
而今山在遊人滿，只歎奇僧見已難。

毗盧羅漢駐軍山，閱遍中原二百年。
修到赤身迎夜雪，回頭彌望大江灣。

范梅強書靳飛詩作

白璧雙為琵琶第一手

徐珂《清稗類鈔》記南通白璧雙為清初琵琶第一手。白璧雙名珏，字璧雙，以字行，約明萬曆四十八年生，行三，世稱白三郎。其祖白在湄、嗣父白彧如皆為琵琶名家，冠絕天下。清順治三年吳偉業於蘇州王時敏宅邂逅白彧如，聽其自製新曲，敘崇禎十七年事及亡國離亂，悲慟哽咽不止，為之作長歌《琵琶行》，句有“為問按歌人姓白，家住通州好尋覓”，今人多以其為北通州，誤也。白璧雙承繼家學，精於音律，名噪江南。其中年後奉母隱居崇川，時宿如皋，與冒辟疆、陳維崧、王士祿、鄧漢儀、許承欽、陳進祥諸名士相往還，冒陳等亦仿吳偉業例而為璧雙製長詩多首。冒辟疆《聽白璧雙彈琵琶即席書贈》云：“初彈如清琴，再彈鳴諸禽。三彈萬物變，聲響迷所尋。有時色失淫，有時月自沉。有時風雨交，長嘯搖寒林。眾竅恒怒張，對茲恐其瘖。不知天地間，何為獲此心。”泰州鄧漢儀詩云：“初弦欲細聲嘈嘈，一絲搖漾凝纖毫。放聲忽若雷霆高，盲風澀雨昏林皋。淙淙幽澗鳴波濤。如聞二女思君勞，哀猿杜宇求其曹。調高弦響忽欲住，陡若萬馬歸臨洮。聞彈先帝十七年間事，離亂風光動人涕。今宵翻作兒女行，拉雜摧藏無不至。雖然不作永嘉愁，對君如讀開元志。”冒鄧二氏皆知音人，蓋能紀白氏演奏實況也。後世琵琶傳有崇明海門派，猶奉白璧雙為開山。

若樸堂主人有詩讚曰：

四弦急響惹悲思，新曲紅顏泣不知。
三百年前江畔事，白家琵琶冒家詩。

四弦急響惹悲思，新曲紅顏泣不知。
三百年前江畔事，白家琵琶冒家詩。

夏潮書蘄飛詩作

【附】

琵琶行並序

［清］吳偉業

去梅村一里，為王太常煙客南園。今春梅花盛開，予偶步到此，忽聞琵琶聲出於短垣叢竹間。循牆側聽，當其妙處，不覺拊掌。主人開門延客，問向誰彈，則通州白在湄子或如，父子善琵琶，好為新聲。須臾花下置酒，白生為予朗彈一曲，乃先帝十七年以來事，敘述亂離，豪嘈淒切。坐客有舊中常侍姚公，避地流落江南，因言先帝在玉熙宮中，梨園子弟奏水嬉、過錦諸戲，內才人於暖閣齎鏤金曲柄琵琶彈清商雜調。自河南寇亂，天顏常慘然不悅，無復有此樂矣。相與哽咽者久之。於是作長句紀其事，凡六百二言，仍命之曰《琵琶行》。

琵琶急響多秦聲，對山慷慨稱入神，同時渼陂亦第一，兩人失志遭遷謫。絕調王康並盛名，崑崙摩詰無顏色。百餘年來操南風，《竹枝》《水調》謳吳儂。里人度曲魏良輔，高士填詞梁伯龍。北調猶存止弦索，朔管胡琴相間作。盡失傳頭誤後生，誰知卻唱《江南樂》。今春偶步城南斜，王家池館彈琵琶。悄聽失聲叫奇絕，主人招客同看花。為問按歌人姓白，家住通州好尋覓。袴褶新更回鶻裝，虯鬚錯認龜茲客。偶因同坐話先皇，手把檀槽淚數行。抱向人前訴遺事，其時月黑花茫茫。初撥鵾弦秋雨滴，刀劍相磨轂相擊。驚沙拂面鼓沉沉，砉然一聲飛霹靂。南山石裂黃河傾，馬蹄迸散車徒行。鐵鳳銅盤柱摧塌，四條弦上煙塵生。忽焉摧藏若枯木，寂寞空城烏啄肉。轆轤夜半轉咿啞，嗚咽無聲貴人哭。碎珮叢鈴斷續風，冰泉凍壑瀉淙淙。明珠瑟瑟拋殘盡，卻在輕籠慢撚中。斜抹輕挑中一摘，漻慄颼飀憯肌骨。銜枚鐵騎飲桑乾，白草黃沙夜吹笛。可憐風雪滿關山，烏鵲南飛行路難。猨嘯鼯啼山鬼語，瞿塘千尺響鳴灘。坐中有客淚如霰，先朝舊直乾清殿。穿宮近侍拜長秋，咬春燕九陪遊讌。先皇駕幸玉熙宮，鳳紙僉名喚樂工。苑內水嬉金傀儡，殿頭過錦玉玲瓏。一自中原盛豺虎，煖閣才人撤歌舞。插柳停搊素手箏，燒燈罷擊花奴鼓。我亦承明侍至尊，止聞鼓樂奏《雲門》。段師淪落延年死，不見君王賜予恩。一人勞悴深宮裏，賊騎西來趨易水。萬歲山前鼙鼓鳴，九龍池畔悲笳起。換羽移宮總斷腸，江村花落聽《霓裳》。龜年哽咽歌長恨，力士淒涼說上皇。前輩風流最堪羡，明時遷客猶嗟怨。即今相對苦南冠，升平樂事難重見。白生爾盡一杯酒，繇來此伎推能手。岐王席散少陵窮，五陵召客君知否？獨有風塵潦倒人，偶逢絲竹便沾巾。江湖滿地《南鄉子》，鐵笛哀歌何處尋？

聽白璧雙彈琵琶即席書贈

［明末清初］冒襄

我聞楓香調，千載稱唐音。宋有兩忽雷，大小雙南金。
白生擅此技，掐指如龍吟。憶余十年前，聞之魂不禁。
此來傾耳聽，穆然春光深。初彈如清琴，再彈鳴諸禽。
三彈萬物變，聲響述所尋。有時色失淫，有時月自沉。
有時風雨交，長嘯搖寒林。衆竅恒怒張，對茲恐其瘖。
不知天地間，何為獲此心。逖哉古聲遙，絕技歎生今。

己酉榴月白璧雙正五十，過余彈琵琶數日，於其歸索詩壽其母夫人八十，即席放歌贈之

［明末清初］冒襄

白君才儁毓名家，獨耽聲調彈琵琶。琵琶於技殊小巧，
君彈琵琶狎瑤島。緱嶺子晉下鶴聽，飛瓊雙成不復道。
手持琵琶上高堂，高堂母稱八十觴。一觴一曲曲未央，
庭幃真樂疇能方。況復君年正五十，榴花滿把生紅光。
吾母今冬亦八十，朝夕承歡如不及。萊子七十始嬰兒，
我輩向母索飲食。人生萬事堪一笑，鐘鼎悮人成不孝。
君歌我舞繞膝前，世間誰者真神仙。

寒夜聽白三彈琵琶歌

［明末清初］冒襄

兩月詩酒無不為，晨昏放浪窮端倪。描畫雪月罄毫髮，
撫挲鐘鼎通精微。雜沓上客成風約，許陳譚黃來何遲。
昨日陳君傳語至，白生琵琶絕愚智。非爾空堂響不張，
大集諸君謀一醉。主人是日值清齋，張燈置酒忙安排。
窺煙異鳥棲紅沼，隔霧紛葩墮紫釵。燈出文心寫生手，
化入幻巧通蝌蚪。五狼枕海迴紫濤，乃有奇枝如二友。
那知陳白去他席，諸君惝怳增不懌。茶聲騰沸松風翻，
滿堂燈酒徒促刺。主人大叫非吾心，七十日來稱朱琴。
豈有此會阻高深，著屐衝寒愜所尋。闐然一聲塞斗室，
小飲數人靜如漆。交加驩笑步語繁，頓令四座無客膝。
白生嬾慢真清狂，諸君且坐盡一觴。我彈琵琶本無方，
上窮寥廓下蒼茫。朱阮久杳段師失，北宋忽雷難再得。
只有陳隋遺恨聲，千年宛轉纏胸臆。我今為彈聲瑟瑟，
譜入詩文成絕筆。細如幽蘭微一笑，煙視媚行銷眾妙。
猛如鐵甲攢大羽，萬馬迸落到大纛。戛銅聲閉假龍吟，
拉木風號真虎嘯。忽然玉碎與珠拋，緩散播逸不自料。
我耳君手無消息，霜天古木孤鴻叫。白生此技誠難名，
陳隋亡國皆文人。頓挫瀏漓得至性，幽抑怨斷傳深情。
我輩飄零悲本地，流連傾倒盈心淚。不須擗首濕青衫，

只覺低迴傷舊事。我有萬感付琵琶，我有長歌手八叉。一滴不飲只謀酒，平生好客無其家。且嚼冰雪酬歲暮，明年浪跡遊天涯。

聽白生彈琵琶（八首）

［清］陳維崧

其一

落拓司勳有鬢華，飄零瘦沈客天涯。
那堪水碧山青日，坐聽當筵《穆護沙》。

其二

玉熙宮外繚垣平，盧女門前野草生。
一曲《紅顏》數行淚，江南祭酒不勝情。

其三

賀老琵琶識者稀，開元樂部事全非。
虢姨已去寧王死，流落江東一布衣。

其四

十載傷心夢不成，五更回首路分明。
依稀寒食鞦韆院，簾幕重重聽此聲。

其五

感慨蒼涼復窈濛，細如春夢疾如風。
少年漫把紅牙拍，此是檀槽太史公。

其六

縱酒狂歌總絕倫，曾將薄藝傲平津。
江南江北千餘里，能說興亡是此人。

其七

醉抱琵琶訴舊遊，禿衿矯帽脫帩頭。
莫言此調關兒女，十載夷門解報仇。

其八

淼淼潯陽秋復春，琵琶亭下事成陳。
因君今夜淒涼曲，重憶元和白舍人。

摸魚兒

［清］陳維崧

家善百自崇川來，小飲冒巢民先生堂中，聞白生璧雙亦在河下，喜甚，數使趣之。須臾白生抱琵琶至，撥弦按拍，宛轉作陳隋數弄，頓爾至致，余也悲從中來，並不自知其何以故也。別後寒燈孤館，雨聲蕭槭，漫賦此詞，時漏已下四鼓矣。

是誰家、本師絕藝，檀槽搯得如許？半彎邏逤無情物，惹我傷今弔古。君何苦。君不見、青衫已是人遲暮。江東煙樹。縱不聽琵琶，也應難覓，珠淚曾乾處。

淒然也，恰似秋宵掩泣，燈前一對兒女。忽然涼瓦颯然飛，千歲老狐人語。渾無據。君不見、澄心結綺皆塵土。兩家後主，為一兩三聲，也曾聽得，撇卻家山去。

得全堂聽白璧雙琵琶

［明末清初］陳世祥

不向人間歎搖落，得全堂中紛趾錯。日日主人謀酒錢，撾鼓燒燈事羹臛。此日詩狂百不憂，此時爛醉何所求，一醉不知天地窄，他鄉日月忘春秋。雲簇淒迷天欲雪，張家斗室稱精絕。欻到琵琶白璧雙，相逢把手從頭說。
主人驩客行巨觴，頻剪燭灺花滿床。窗前懸火光歷亂，
有客窺石聲淋浪。披帷而入非一個，撫掌狂呼消息大，
頓疑身是病維摩，十萬八千師子座。璧雙起解琵琶囊，
掩抑幽怨聲無方。聞者不言而神傷，我有酒情萬斛都銷亡。
主人秉燭向廳事，酒中雜坐無倫次。更向弦中訴舊怨，
酒情如海愁如彗。愁深四座總茫茫，夜闌飛滿簾前霜，
琵琶自是傷心物，斷盡人間萬古腸。

寒夜飲巢民得全堂，觀凌璽徵手製花燈，旋之張宅，聽白璧雙琵琶歌

［明末清初］許承欽

衰翁陶寫賴絲竹，哀思怕聽陳隋曲。但歌番調撥鵾弦，
掉頭便向燕雲哭。燕雲往事浩茫茫，仲冬重遊射雉場。
雉皋愛客復有幾，置驛今推冒辟疆。先是鄧項兼徐子，
得全堂中聚詩史，陳黃汪譚洎我來，衝雪聯吟燭繼晷。
黃梅插案倒清樽，炙兔燒獐娛眾賓，絕句鍾書嗟小宛，
團絲繡結訝神針。忽聞白生崇川下，遍覓乃在張之榭，
羊脂灌蠟旋然燈，亭館坡陀光不夜。蘭笑石邊蓮笑池，
枇杷桃杏紛葳蕤，晶瑩的皪枝亂動，問是凌生能爾為。

卻憶前朝風物好，不僅琵琶傳賀老，崑崙已逝段師止，
絕技白生今潦倒。籠燈競赴賈家橋，寒夕頻將深戶敲，
白生半醉出相迎，重斟桂醑呼六么。須臾白也雄風作，
曲項忽雷精閃爍，奔濤激射細縈絲，小珠大珠珠錯落。
高唱先皇十七年，海內喧豗在眼前，漫天掃地兵戈集，
殺氣悲啼亂杜鵑。已聽喁喁復唧唧，突遭霸王恣呵叱。
妖嬈唇上舞鶤雞，褒鄂腕下飛霹靂。哀猿叫樹當窮秋，
酸風透背森颼颼，雪花如掌打窗紙，嗚嗚隴水聲西流。
群公俯首皆欲咽，辟彊更似驚蝴蝶。空堂倏爾置居庸，
圍繞兜離心膽怯。搊罷哀弦望大江，陳隋遺恨寄新腔。
掉頭再向燕雲看，怕聽當筵白璧雙。

仲冬晦日巢民同令子青若招飲湘中閣看雪，同散木孝威嵋雪無聲石霞永瞻，再聽白壁雙彈琵琶，續呼三姬佐酒歌

［明末清初］許承欽

雪風淒緊天漠漠，雅人興寄湘中閣。玉龍百萬舞高空，
推窗望眼迷丘壑。主翁大適客狂喜，開尊炙炭當寥廓。
團團促膝雜莊諧，杯行到手忘酬酢。須臾雪片沒萱窩，
更呼紅裙慰落魄。盋池葉艇載妖姬，眉棱真似紇干雀。

擁爐狎語失端倪，白生鵾弦響鐵撥。一歌潯陽江上秋，
再歌沉香亭下樂。座中誰覺有寒威，紛向妖姬恣戲謔。
蕭條四野苦饑寒，吾儕對此能無怍。回頭漠漠祝高空，
願化雪花當羹臛。

寒夜飲巢民得全堂，觀凌璽徵手製花燈，旋之張宅，聽白壁雙琵琶歌

［清］鄧漢儀

生平愛聽陳隋曲，鐵撥鵾弦生斷續。今冬偶作雉城遊，
雪漲空天哀響促。曾是通州白璧雙，琵琶名譽騰江湘。
朅來寄宿東皋路，白眼橫睨無金張。吾輩三五鄒枚客，
流落風塵頭半白。觀燈卻聚冒氏堂，聽曲誰為崔九宅。
側聞生在賈家橋，夜燃樺燭親相邀。主人遮客客還住，
更開綠蟻淹通宵。四座持杯各有語，請君撥弦休齟齬。
一夜詩成好贈君，明朝傳遍旗亭女。白生一笑啟檀槽，
鉤簾人靜無喧囂。初弦欲細聲嘈嘈，一絲搖漾凝纖毫。
放聲忽若雷霆高，盲風澀雨昏林皋，淙淙幽澗鳴波濤。
如聞二女思君勞，哀猿杜宇求其曹。調高弦響忽欲住，
陡若萬馬歸臨洮。聞彈先帝十七年間事，離亂風光動人涕。
今宵翻作兒女行，拉雜摧藏無不至。雖然不作永嘉愁，

對君如讀開元志。湖南採訪幾欷歔，潯陽商婦長顑頷。獨昔君家藝絕倫，梅村斑管歌詞新。至今飄泊猶江外，夜闌霑醉潛悲辛。我亦同時失路人，聞唱紅鹽淚滿巾。烏啼客散天昏黑，槎枒樹塞長河濱。

芙蓉池上聽白生彈琵琶

［明末清初］范國祿

秋陰池上夜溟溟，月照芳筵人意靜。
垂楊深處墮天光，一池冷浸仙仙影。
美人入座彈琵琶，三更落盡芙蓉花。
酒酣耳熱心悄悄，月明又向西樓斜。
先帝宮中譜弦索，此聲絕倒《十八拍》。
十年風雨暗梨園，腸斷婁江金馬客。
今夕悠悠行樂詞，春衫濕透無人知。
天南恐有賓鴻至，切莫再彈《悲昔時》。

重贈白生（二首）

［明末清初］范國祿

其一

十年前弄江州調，人比風流謝鎮西。
今日紫羅襦尚在，國門樓上許重提。

其二

少日情懷似彥回，更因老健得清裁。
秋香亭畔倚雙璧，一曲懷風酒一杯。

李方膺不宜官

清揚州八怪李方膺，南通人，字虯仲，號晴江。其出身顯宦，嘗隨父陛見雍正帝，父奏稱其“性憨，不宜官”，雍正帝不聽，諭總督田文鏡用為知縣。後方膺果以剛直觸上司，入獄三年之久。晚歲寄居南京，改號借園主人，寫墨梅以資衣食，有詩云，“我是無田常乞米，借園終日賣梅花”。其梅鐵骨清峻不俗，鄭板橋云，“晴江李四哥獨為於舉世不為之時，以難見奇，以孤見異，故其畫梅為天下先”。

若樸堂主人有絕句讚之：

晴江憨性定沉淪，傲骨奇才恥帝秦。
寫盡梅花無彩色，摧折齧齧養精神。

呂鳳鼎公，喜予南通故事，有和作云：

性憨的確不宜官，賣畫猶堪掙米錢。
鐵骨梅花驚世俗，元膺本是畫中仙。

晴江憨性定沉淪，傲骨奇才恥帝秦。
寫盡梅花無彩色，摧折鬣鬣養精神。

范梅強書靳飛詩作

中國老齡產業協會執行會長吳世民為靳飛詩作畫

鄭板橋客狼山詩

清鄭板橋三十五歲作《遊白狼山》二首，其一云："積雨空山草木多，山僧晨起斫煙蘿。崖前露出一塊石，悄坐松陰似達摩。" 其二云："懸岩小閣碧梧桐，似有人聲在半空。百叩銅環渾不應，松花滿地午陰濃。" 白狼山即今南通狼山。板橋未發跡時，每至一處，多與僧人往來，寄居山寺之中。非板橋有出世之想，傷哉貧也，正板橋詩所謂"乞食山僧廟"。我師張中行翁昔年一度求職北京廣化寺，晚年自嘲云，和尚吃十方，我吃和尚，多吃了一方，可稱"吃十一方"。板橋亦吃十一方者也。

若樸堂主人有詩和板橋：

狼山勝地養達摩，總為書生苦處多。
乞得山僧一碗飯，還他驚世幾舷歌。

學者張鳴先生和作云：

而今山寺無達摩，總為書生鄉愿多。
和尚金缽少餘飯，捧琴袖手恨舷歌。

呂公鳳鼎有和作云：

狼山當日困板橋，乞食僧門志未消。
應喜大才終有用，癲狂本色是逍遙。

鄭板橋書《劉柳村冊子》

清鄭板橋四十四歲中進士，六旬去官，“寫取一枝清瘦竹，秋風江上作漁竿”。板橋六十八歲，應南通保培源保培基兄弟之請，寓保氏井谷園數月。其間赴今如東豐橋汪之珩文園雅集，忽然情不能已，直抒胸臆，為柳村劉三寫長卷《詩敘》，暢憶平生詩詞來歷，言其早年詞學陳其年迦陵，旋即“突過其頂”，改學秦觀黃庭堅，更後則“愈憤怒，愈迫窘，愈斂厲，愈微細”，乃自立門戶矣。板橋作此語時，應知陳迦陵亦曾客居如皋十年也。

若樸堂主人有絕句云：

板橋老去欲顛狂，井谷園中興味長。
寫與劉三詩冊子，迦陵不復比秦黃。

板橋老去欲顛狂，井谷園中興味長。
寫與劉三詩冊子，迦陵不復比秦黃。

范梅強書靳飛詩作

【附】

劉柳村冊子

［清］鄭板橋

板橋自京師落拓而歸，作《四時行樂歌》，又作《道情》十首。四十舉於鄉，四十四歲成進士，五十歲為范縣令，乃刻拙集。是時乾隆七年也。

《道情》十首，作於雍正七年，改削十四年，而後梓而問世。傳至京師，幼女招哥首唱之，老僧起林又唱之，諸貴亦頗傳誦，與詞刻並行。

拙集詩詞二種，都人士皆曰："詩不如詞。"揚州人亦曰："詞好於詩。"即我亦不敢辯也。

遊西湖，謁杭州太守吳公作哲，出紙二幅，索書畫。一畫竹，一寫字。湖州太守李公堂見而訝之曰："公何得有此？"遂攫之而去。吳曰："是不難得，是人現在此，公至南屏靜寺訪之，吾先令人作介紹可也。"次日，泛舟相訪，置酒湖上為歡，醉後，即唱予《道情》以相娛樂。云："十年前得之臨清王知州處，即愛慕至今，不知今日得會於此！"遂邀至湖，遊苕溪、霅溪、卞山、白雀，而道場山尤勝也。府署亭池館榭甚佳，皆吾揚吳聽翁先生所修葺。

虎墩吳其相者，海上鹽鳌戶也，貌粗鄙，亦能誦吾《四時行樂歌》，製酒為壽。同人皆以曰咄咄怪事。

高麗國索拙書，其相李艮來投刺，高尺二寸，闊五寸，厚半寸，如金版玉片，可擊撲人。今存枝上村文思上人家，蓋天寧寺西院也。

妙正真人婁近垣與予善，令其侍者石三郎歌予詩詞，飄飄有雲外之響。予愛之，遂舉以贈。董恥夫亦令歌《竹枝》焉。後三年，求去，泣不可留，仍返於婁。想其仙骨，不樂久住人世俗塵囂熱耶？

新安孝廉曹君，是墨人曹素功後裔。嘗持藏墨三十二挺謁予，易《詞鈔》一冊。且云："公有《官宦家》詞：'朝霞樓閣冷，尚牡丹貪睡，鸜哥未醒。'不但措詞雅令，而一種荒淫滅亡之氣，已兆其中，所以甚妙。"曹君知言，故亦以詞稱。

又《晚景》一首，調寄《蝶戀花》："一片青山臨古渡，山外晴霞，漠漠收殘雨。流水遠天波似乳，斷煙飛上斜陽去。　徙倚高樓無一語，燕不歸來，沒個商量處。鴉噪暮雲城堞古，月痕淡入黃昏霧。"

板橋山中之作便摹寫秦黃，無復迦陵矣。

作是詞才二十六歲。後七年，遊京師，欲以直隸秀才入北闈，為友人所阻。先不得入小試。遂發憤入山，與老僧枯坐，或遊於碎泉亂石臥松倒柏之間，欲深究詞學。細翻花間、草堂，知蘇辛豪蕩，尚屬詞家外調，況陳髯乎。

遂刻意於太白、飛卿、南唐後主、少游、柳七之間。柳七以“曉風殘月”壓倒銅琵，遂令子瞻醉心，姬人擁膝。其他俚語最多，正不及少游之風流穩俊也。

紫瓊崖道人慎郡王也贈詩：“按拍遙傳月殿曲，走盤亂瀉蛟宮珠。”愧不敢當，然亦佳句。

南通州李瞻雲，吾年家子也。曾於成都摩訶池上聽人誦予《恨》字詞，至“蓬門秋草，年年破巷；疏窗細雨，夜夜孤燈”，皆有齎咨涕洟之意。後詢其人，蓋已家弦戶誦有年。想是費二執御挾歸邪。

《蘭亭》六種，棗木刻。《武王十三銘》八分書，碑在範縣。臨濟派滿天下，祖庭不修，可悲也，予作碑以新之，在大名府東關外。濰縣城隍廟碑最佳，惜其榻本少爾。

板橋居士好填詞，蓋其童而習之也。十餘歲遊金陵書肆，得其年陳先生迦陵詞半冊，喜其辭繁氣茂，遂學之，然已突過其頂。如《送顧萬峰之山東》詞云：“到看泰岱縱天墜，矗青空，千岩萬嶂，雲揉月洗。封禪碑銘今在否，鳥跡蟲魚怪異，為我弔秦皇漢帝。夜半更須臨日觀，紫金球湧出滄溟底，盡海內，奇觀矣。”迦陵好用成語，此則自鑄偉詞，神清骨銳，恐非迦陵所能到也。

少游詞云：“斜陽外，寒鴉數點，流水繞孤村。”又云：“行人一棹，天涯酒醒處，殘陽暮鴉。”又云：“臂上妝猶濕，襟間淚尚盈，水邊燈火漸人行，天外一鉤殘月帶三星。”又云：“名韁利鎖，天遠知道，和靜也瘦。”其好句不一而足，豈止柳七之“曉風殘月”而遂已乎。

板橋貌寢，既不見重於時，又為忌者所阻，不得入試。愈憤怒，愈迫窘，愈斂厲，愈微細，遂作《漁父》一首，倍其調為雙疊，亦自立門戶之意也。

“宿雨新晴江氣涼，濕煙初破柳絲黃，才上巳，又清明，桃花村店酒餅香。漠漠海雲微漏日，茫茫春水漸盈塘，波瀹蕩，燕低昂，小舟絲網曬魚梁。”

漁父雙疊，後半又拗一字，蓋師其意，不師其詞。

板橋最窮最苦，貌又寢陋，故長不合於時。然發憤自雄，不與人爭，而自以心競。四十外乃薄有名，所謂諸生曰“萬盈四十乃知名”也。其名之所到，輒漸加而不漸淡，只是中有汁漿耳。莊生謂：“鵬怒而飛，其翼若垂天之雲。”古人又云：“草木怒生。”然則萬事萬物何可無怒邪？板橋書法以漢八分雜入楷、行、草，以顏魯公《座位稿》為行款，亦是怒不同人之意。

乾隆庚辰秋日，為柳村劉三兄書此十二頁。

（1993 年第 3 期《書法叢刊》大連張瑞安先生藏墨跡，原作鈐“心血為爐熔鑄今古”白文印章）

如東汪氏文園壘石

鄧之誠《骨董瑣記》之《壘石》篇記，如東汪氏文園之壘石，係於清嘉慶道光年間，出自常州名家戈裕良之手。鄭板橋於乾隆二十五年七夕做客文園，則未及見此石也。文園主人汪之珩有詩《庚辰七夕同王竹樓、鄭板橋、郭琅亭、黃瘦石》四首：

其一

風雨連綿直到秋，欣逢晴夕共登樓。
西南一抹河清淺，流水迢迢萬古愁。

其二

嫩涼初試薄羅天，看到雙星意惘然。
不作團圞又離別，一逢一度一年年。

其三

別有星槎不渡郎，卻勞烏鵲代津樑。
神仙畢竟無虛語，獨倚瓊簫耐晚涼。

其四

兒女無端笑口開，跪陳瓜果滿涼台。
明朝撿去蜘蛛網，笑語姑姑得巧來。

通州福山有日本硯

鄧之誠《骨董瑣記》有《硯材》，云："通州福山有日本石硯，發於牆壁，相傳倭寇壓船來者，質堅細緻發墨，有黃紫黑三種，莫名何石。"

清及民國時在京會館

清北京南通會館在宣武門外大街，北鄰天門會館、永濟會館、江西會館，隔街相望有浙江會館、翼城會館、河郟汝會館。

北京另有如泰會館，即如臯泰興，其址在後孫公園胡同八號，與台州會館、泉郡會館相鄰。

英國人知狼山難過

狼山古為江淮門戶，海防重鎮，明嘉靖時設狼山總兵，恃天險而衛維揚。有英國人名令利者，撰《太平黨之揚子江日記》，有但燾譯本。令利記其於清同治五年自滬乘船赴漢口，途經南通，云："航行之初，恰遇非常之霧氣，漸離江口，江口頗廣闊，若其間無崇明島，則左右彌望，皆不見陸。當此時，經過非常之困難，乃於夜間抵狼山，即下錨焉，暴風猛烈，從大海方面吹來。此夜吾人之心曲，頗恐怖，深恐錨銷被拔，漂流至海岸。及至翌晨，則錨已被曳至一海里之遠矣。江口附近兩岸，田畝頗高，鬱鬱蒼蒼，一望彌綠。此江岸依自然力之法則，漸加漸高，故望之如同森林。青青河畔，足供眺望，乃此地方之特殊風景也。北岸狼山山邊，南岸福山山邊，洲渚甚多，島嶼錯出，航行之際，最為危險。所謂'狼山難過'者，水路至狼山方面，為極銳之曲折，雖極堅好之船，往往葬送於此。"福山在今常熟市北，與狼山左右相對也。

若樸堂主人有詩云：

今時景致舊時難，兩岸狼福佈暗灘。
衛護淮揚繁錦地，五山鎮靜江南安。

今時景致舊時難，兩岸狼福佈暗灘。
衛護淮揚繁錦地，五山鎮靜江南安。

范梅強書靳飛詩作

【附】

英人令利日記中的狼山

但燾 譯

吾人所乘碇泊於上海之船，將往漢口，思之誠為便利。此番經過南京，自當與守城者相交通。就我而論，亦一觀察形勢之好機會；且李忠王所委我之任務，藉此一辦，亦最敏最良之辦法也。於是豫備行李各物，裝儲煤炭，拔錨起程，而進溯此“大海之子”之揚子江。航行之初，恰遇非常之霧氣，漸離江口，江口頗廣闊，若其間無崇明島，則左右彌望，皆不見陸。當此時，經過非常之困難，乃於夜間抵狼山，即下錨焉，暴風猛烈，從大海方面吹來。此夜吾人之心曲，頗恐怖，深恐錨銷被拔，漂流至海岸。及至翌晨，則錨已被曳至一海里之遠矣。

江口附近兩岸，田畝頗高，鬱鬱蒼蒼，一望彌綠。此江岸依自然力之法則，漸加漸高，故望之如同森林。青青河畔，足供眺望，乃此地方之特殊風景也。北岸狼山山邊，南岸福山山邊，洲渚甚多，島嶼錯出，航行之際，最為危險。所謂“狼山難過”者，水路至狼山方面，為極銳之曲折，雖極堅好之船，往往葬送於此。有汽船曰“開脫”者，竣工之後，初次落水，即遭險於此處，以方沿海岸而走，適遇怒潮，轉瞬顛覆，深沉水底，船員、旅客之死者極多，並貴重之貨與金幣，亦付汪洋矣。

抑此處不特淺洲小渚，易於觸礁之危險已也，更有海盜與盜賊，見於記載者不少焉。此等之賊，時而為叛徒，時而為漁夫，時又離海岸而為乘船之大海賊。且又時而為政府黨之戰船，此等乘員為政府之軍隊與海客所組織，常為殘忍之掠奪。余遊揚子江時，歐人之五六商船，有被掠奪者，又船員亦有被殺者。此等事已習見不鮮。總之在此航行中，而不為此等海賊所襲者，殆絕無之事也。

自狼山百十哩而至鎮江，其間風景無大差異，但見水流瀠洄。泥沙淤積，為一片之低地。然殊令人想象其地種植之繁富，覺可耕之地，尚沉埋於簇葉之下。蓋即樹木之種類觀之，色色形形，已可驚矣。

日諜之記錄通州如皋

日本海軍少尉曾根俊虎於光緒元年前後受命來華從事諜報，著有《清國漫遊志》《北中國紀行》《中國近世亂志》《各炮台圖》《俄清之將來》等，皆其軍事報告也，故於每地均繪製地圖，標記軍事設施及駐軍情況，用意顯而易見。所奇者，其於各地之物價特產，風土人情，均有描述。其《北中國紀行》有自常熟至福山，再至通州如皋轉至泰州一節。彼於福山記云：

“揚子江是舉世聞名的大江，勝跡甚多。三國之時，該江屬於吳郡，周郎大敗曹操，東坡詠‘山高月小’，或者項王率子弟八千逾越之處，皆在此江上流。還有明末李自成之亂，腥屍掩江，江水變紅之處，亦在此江。其他文人墨客之吟詠，英雄豪傑之起伏，已是人所周知。此江實乃江南江北之要地。現在我所停泊之地福山鎮之河口也是揚子江之支流，滿潮之時，十匹馬力的蒸汽船可以自由來往。如若現在有變，要突然襲擊此地，可以於夜間趁潮而偷偷上陸，一隊潛入河口，一隊襲擊南邊橋畔的兵營，一隊以西北的山丘為陣地，三隊兵力相助，再加上使用一個炮隊，定是取而不難。”

曾根報告之二三年後，日軍參謀部即擬定《討清國策》，中有以武力攻長江中下游之略，則讀此文字，令人不寒而慄。

然則其於通州遇廣東雷州總兵張步錢及通州人劉金堂，張劉之於曾根並無防範，問則必答，且邀遊狼山，及至分別，曾根記云：

“其時，劉、張等來，我告訴他們明天啟程，給了他們幾枚本邦的五十錢銀幣。他們以詩相贈，還要求我們贈詩和本邦的文字。於是，町田氏（其同行者）作三十一字和歌一首，我作漢詩一首相贈，兩位非常喜悅。六點，吃過晚飯後，收拾行李，告別旅店而上船。劉、張及店主人等來惜別，到船上以雞蛋、茶葉等為我們餞行，談話之間，船主催發，相互以期再會而別。此輩真是清國人中奇特人物，有一見如故之友情。我輩也深深為之惜別。”

予讀至此亦良久無語，詩云：

空說海外宋襄仁，宇內從來有暴秦。
欲死合肥傷寶劍，秋風落葉立江濱。

空說海外宋襄仁，宇內從來有暴秦。
欲死合肥傷寶劍，秋風落葉立江濱。

范梅強書靳飛詩作

【附】

北中國紀行之通州如臯

［日］曾根俊虎　范建明 譯

從常熟縣到福山口

四月十二日，星期三。從常熟縣到福山口。

早四點三刻起航，沿著城牆的右邊前行數里，雞鳴狗吠，東方半白，殘月影幽。五點五十三分，太陽高升，光輝直射篷窗。這一帶兩岸盡是耕地，處處有竹林，離城已經二里餘。站立船頭，回顧虞山，橫截城牆，蟠亙南北數里。其高大約一千二百尺，其形狀不甚嵯峨。山頂上有要塞一樣的小城，中央有數十家屋，樹木稀疏，而蔓草青青。該山為名山，據說往古常熟之虞仲隱居舊跡至今尚存。七點經過一村，名叫馬家橋，有矮屋三四十戶。因為舟子要上岸買菜，於是暫時停船，本地人圍觀如堵。既而解纜，前行數百米，無一茅屋。右方為耕地，可見黃菜紫豆；左方有一片竹林，頓覺習習清風涼爽。水波蕩漾，由北而南流，因知是福山口之滿潮。前行里餘，經過名叫謝家的小村。過十一點，來到一處，名叫小家橋，有茅屋二三。問到福山城里數，回答說有三里。從此處可以遙望福山口之翠巒。十二點抵達福山口，從人家的左邊經過。

左邊泊舟甚多，還停泊著數十兵船，每船都有五六門清國自製的三磅左右的大炮。右邊沒有人家，只有無邊無際的茫茫耕地。既而在距離揚子江百來米的地方拋錨停泊。為了另租船隻而上岸，講好到通州七個美元，因為到此為止所租的船極小，不能渡江。歸途順便轉悠了一下市街。街道很窄，家屋簡陋，不見有殷富之色。市街之南有一個兵營和一個衙署。西方是福山，高約千尺，無樹多石，蜿蜒曲折於東西里餘之間，更無城郭。東北即揚子江，其渺漫之狀宛如大海，東方遠處可以看到燈台，北方可以遙望狼山於雲端。過三點，回到船上。與前面乘坐的船結了賬，付了款，乘上了新租用的船。從上海至此花了三天半，船的費用是八個半美元。新租用的船是原來那船的兩倍大，造法也堅固。五點過後，町田氏上岸，六點後回到船上。吃晚飯時，呼船主同餐共飲，種種話題之間，問及該地兵數戶數，船主回答說兵數水陸合計八百名，戶數二千有餘。七點天色已晚，海風推波助瀾。九點半，記完日記就寢。

此日行程三十六里。河路與昨日相比不甚曲折，多耕地菜畦，而很少見到麥壟。午前八點氣溫華氏五十四度，午後四點五十二度。整日晴天，稍有微風。

揚子江是舉世聞名的大江，勝跡甚多。三國之時，該江屬於吳郡，周郎大敗曹操，東坡詠“山高月小”，或者項王率子弟八千逾越之處，皆在此江上流。還有明末李自成之亂，腥屍掩江，江水變紅之處，亦在此江。其他文人墨客之吟詠，英雄豪傑之起伏，已是人所周知。此江實乃江南江北之要地。現在我所停泊之地福山鎮之河口也是揚子江之支流，滿潮之時，十匹馬力的蒸汽船可以自由來往。如若現在有變，要突然襲擊此地，可以於夜間趁潮而偷偷上陸，一隊潛入河口，一隊襲擊南邊橋畔的兵營，一隊以西北的山丘為陣地，三隊兵力相助，再加上使用一個炮隊，定是取而不難。

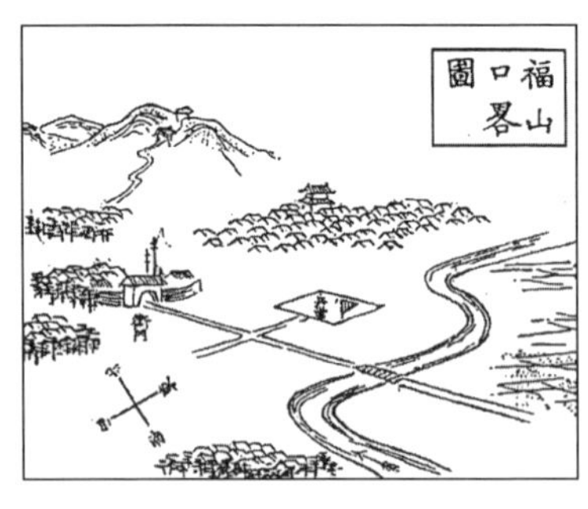

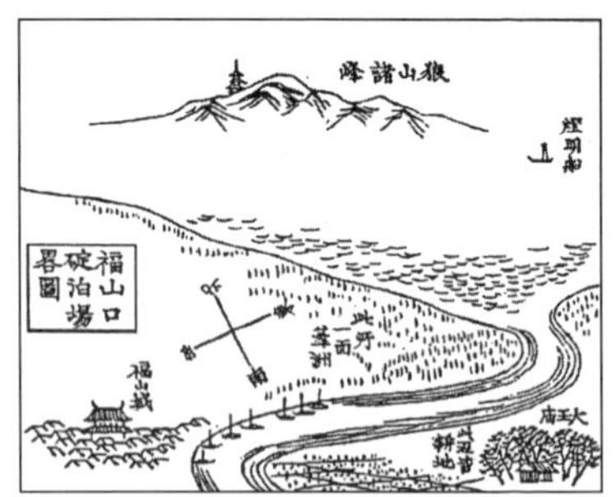

從福山到通州

四月十三日，星期四。從福山到通州。

早二點五十分起錨，此時天風歇息，月窺篷窗，眾星於江渚之間燦爛閃爍。舟子六人，棹聲相和，趁潮出江，遠處可以看到燈船一點。航向東北，航行數里，西南風動，收棹揚帆，轉向正北而進。五點，東方始露曙色，月淡星稀。六點半，風力減弱，波浪趨靜，回頭而望，舟在江中央。江水浩渺，如在海上。後面遠遠背對福山，前方遙遙面向狼山。時有輪船駛向漢口。七點四十分抵達姚港村停泊，前來圍觀者甚多。既而上陸，將行李裝於獨輪車上，經過小堤，九點二十分抵達姚港鎮。該鎮人家有二百許，據說從此處至通州十二里。經過姚港鎮後，右方可以望見狼山諸峰。前行數里，其間豆麥夾路，柳暗花明，田野香風襲衣，鳥語媚人，聊慰旅途辛苦。十點四十分，抵達通州，在城南街朱寶號客棧住下。午後廣東雷州鎮總兵官張步錢及通州本郡劉金堂二氏前來請求面會，即與之見面。談話之餘，向二氏打聽了該地物產、名山舊跡、戶口兵卒之多少、古董或歌妓之有無等情況。回答說，物產有花布、銀魚及鹽。名山舊跡則很多，多在狼山諸嶽。既有好的古董，也有好的歌妓，不過禁止賣淫。戶口的多少不得而知，但本地及駐紮在狼山的旗兵一共六千人（我想所謂六千之兵，其編制猶如北京的所謂八旗兵，與實際的兵數的多寡無關，只是按照記名在冊領取軍餉的人數統計的數字）。又請問孔子、關羽諸廟在何處，我輩想去參拜，請二位告訴我輩。他們回答說諸廟都在城內，可以陪同前往，於是相約同行。此時想看氣溫表，而氣溫表已壞，不能使用。這可能是因為先前僱用的車太顛簸的緣故，真是旅行中的一個遺憾。一點過後吃午飯，飯還是帶有黑色。菜有豬肉，肉肥油多，還有臭氣。用餐之地及碗筷等餐具之不潔，無法用語言形容。沒有固定的廁所，人畜大小便都是隨意隨地。此為清國內地一般風習，但是如我輩這樣的異國之客怎能習慣？然而吃苦冒險就是我輩現在的任務，種種辛苦無需訴說。二點，由張、劉二氏帶路，與町田氏一起去城內轉悠了一圈回到客棧，給張、劉二氏贈送了隨身帶來的本邦的漆器，以表示感謝之意。二氏極為高興，並約定明天同遊狼山而歸。該州屬揚州府管轄，三國時代張遠駐守此地。此城位置，四周茫茫平地，除了狼山、金山諸峰之外，四方不見山嶽，東南遠接東海及揚子江，繞城河流有幾條，漕運極為方便。建築等與常熟城相類，其城牆周長約有二千來米，城內人家大約有兩千餘。街道狹窄，房屋低矮，然不見“長毛賊”遺害之跡。買賣之興隆不能與上海相比。沒有炮台，在南門的邊上看到地上橫放著一門清國舊製的炮。兵營只有南門外道路右邊有，別處不見。從前些天開始一直有很多圍觀者，停船則把船圍住，住店則把店圍住，特別是今天城中之行，圍觀者大聲喊著“東洋人”或“高麗人”，我輩成了古今未曾有的奇觀，追尾圍堵者絡繹不絕，沒料到想看城中的人反而成了城中奇觀。我一開始就穿了清國服裝，所以並沒有什麼異樣之處，而町田氏穿的是本邦服裝，特為注目。第二天，町田氏因為對眾多的圍觀者也感到厭煩，就購買了清國服裝和西瓜皮圓帽，裝了髮辮，以防圍觀者。

據史料記載，通州屬揚州府管轄，東與大海，西與丹徒，南與昭文，北與泰州接界，是陸路之要津海防之重鎮，距離北京二千六百九十里，至省城五百三十里，領屬兩個縣。民俗崇尚奢華，盜賊少而訴訟簡。特產有沙參、鹽、銀魚、石炭、棉花等。解司銀一萬六千二百六十兩，米三千五百五十八石，雜稅銀六百三十兩，倉穀四萬石，養廉銀二千兩。

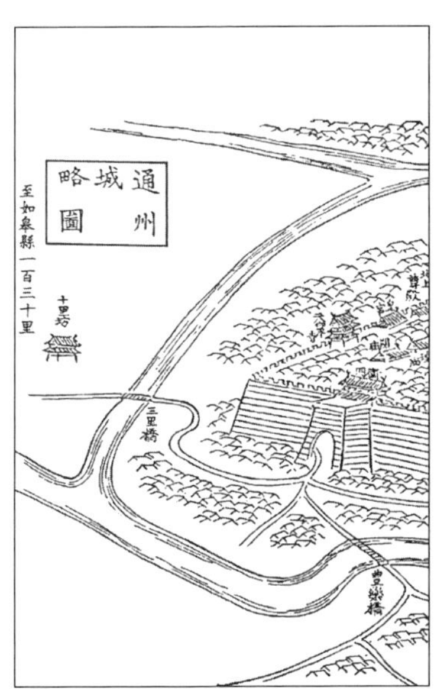

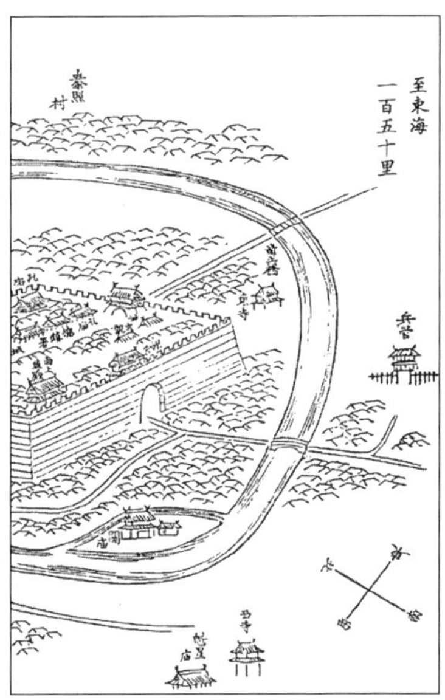

逗留通州

四月十四日，星期五。逗留通州，遊覽狼山。

八點後，在劉氏的陪同下離開寓所，來到西門外僱了一輛獨輪車，沿著左邊的小河前行。道路寬而直，自從上海出發後，一路上還沒有看到過這樣好的道路。而唯一令人討厭的是路上有很多要飯和要錢的乞丐，他們擋在道路中央，暗暗觀察著行人的貧富，動輒就拉住你的衣袖向你要錢。我覺得此地乞丐比本邦維新之前還要多。徐行而前，經過了幾個村落，十點稍過，抵達狼山之麓。有一個門樓，經過此門樓，兩邊茶坊櫛比。前行三百來米，右邊有題有唐駱賓王之墓及南宋金應將軍之墓的石造華表，華表後面有石碑，石碑上刻有“閩人某建立”幾個字。左邊白牆上可以看到用金粉寫的阿彌陀佛四個字。從這裏右轉登上石階，有兩個握劍直立的木偶人，其大七尺許。再爬數十級石階，有一個堂，其中有幾個金佛，最大的七尺餘，金光閃耀，讓人覺得刺眼。又曲折上登數十級，綠樹夾道，小店並列，恰如我邦淺草寺門前狹窄的市街一般，士女往來如織，極為熱鬧。穿過市街，有一門，守門石獅如笑如怒，相對而立。既而又至一堂，祭拜之客成群，堂中有一個金像，上面有一塊匾額，匾額上題有“海不揚波”四個金字。經過此堂，有一座高塔，後面又有一個設有金像的廟，前來祭拜的男男女女連袂接裾，各許所願，鐘聲擾耳，香煙熏人。看完後，登上前記高塔。塔高一百二十尺，六層，每層四周設有欄杆。登上頂層，則一望千里，俯瞰馬鞍山、軍山於腳下，北可近看巍巍聳立的通州城閣，南可遠眺蜿蜒於煙際的常熟、福山，近處則有長江洪流，渺渺茫茫，從西南邊際東流入海。白鷺雙雙，帆舟點點，近村遠邑之間，花柳點綴，菜黃豆綠，各逞其色，風軟軟，鳥喈喈，滿眼千里好風景，流連忘返，賞歎良久。下了高塔，來到山麓一家小店喝茶休息。之後，又僱了一輛小車，一點過後返回寓所。

狼山自古就是名山，秦時始有此名。吳越之時，勾踐幾次於此山擺陣，打敗吳兵。其狀像是平地拔地而起的峨峨險嶽，其高大約四百二十尺。峰頂有祭祀狀元胡長齡的高塔，東北絕壁如削，西南雖不平坦，然可登可降，右邊是馬鞍山、黃泥山，左邊是軍山諸峰蟠屈連亙於東西數里之間，南邊距離長江直徑四里，北邊距離通州城二十里（我想，一旦有事，從長江登陸，以此山為根據，則是控制通州以北的最為有利的地勢）。三點後，叫來船主，約定明天早上出發，花十天時間到達阜寧縣，價錢二十七元半。其時，劉、張等來，我告訴他們明天啟程，給了他們幾枚本邦的五十錢銀幣。他們以詩相贈，還要求我們贈詩和本邦的文字。於是，町田氏作三十一字和歌一首，我作漢詩一首相贈，兩位非常喜悅。六點，吃過晚飯後，收拾行李，告別旅店而上船。劉、張及店主人等來惜別，到船上以雞蛋、茶葉等為我們餞行，談話之間，船主催發，相互以期再會而別。此輩真是清國人中奇特人物，有一見如故之友情。我輩也深深為之惜別。

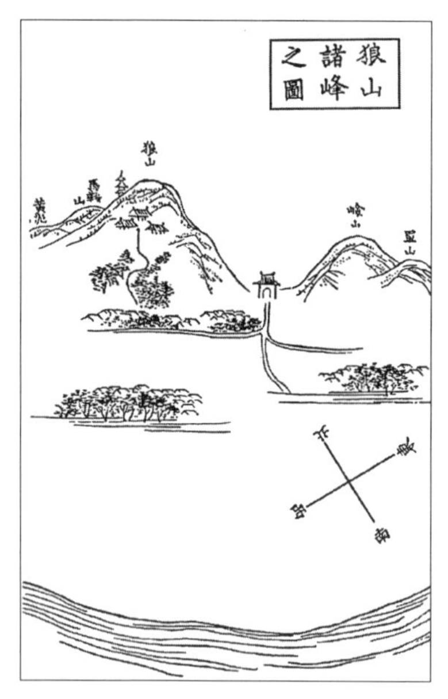

從通州到如皋縣

四月十五日，星期六。從通州到如皋縣。

拂曉五點起錨，航向西北。弦月已淡，醒鴉方噪。八點來到一村，名叫小三十里。左邊堆積著很多材木，據說都是從蘇州或漢口運來的。過了此地，來到一村，名叫大三十里，左右矮屋相連百餘米。其時，與兵卒的乘船相遇，問其所往，說是來自如皋，而往通州。既而町田氏上陸，過了幾個小時回來笑著說："自昨日我打扮成有辮髮之人，就沒有人認出我來，不得不說此法得宜。"前行數里，經過一村，名叫五十里鋪。十二點抵達白蒲鎮。兩岸材木堆積如山，據說都是從蘇州運來的。人家有六七百戶。兩點過林梓鎮，人家有八九十戶。右邊有抽厘局，一個官差出來，要檢查我船中的東西，我們告訴他說我等不是商船，是外國人，於是那人沒檢查就走了。前行數百米，右邊有一條河，想必此河與東海相通。三點過丁堰鎮，人家也有八九十戶。其時南風滿帆，舟行更快。這一帶河中有一群群飼養的家鴨，據說養這些鴨生蛋，鴨蛋售於市中。四點，天陰欲雨，太陽隱沒。經過一個名叫敦鎮的小村，人家大約有六七十戶，再前行數里，站立船頭可以隱約遙望如皋縣城牆於暮雲之際。七點到達該城南城牆之下，此時天已黑，人影難辨。沿著城牆曲折而行，河道狹小，而來往船隻很多，頗為雜遝。既而在離北門數百米的下流拋錨停泊。與町田氏一起上岸，在城中隨意徜徉，八點後回返船上。該城稍呈圓形，周長一千四百多米，造法與通州相仿而規模小，不見層樓，城內街道狹窄，房屋低矮，沒有繁榮景象。估計城內外人家一共不過一千戶。

該縣屬揚州府通州管轄，位於州城西方四十里。解司銀二萬六千九百二十三兩，米三千五百九十八石，雜稅銀二千二百九十三兩，穀二萬石，養廉銀二千兩。漢代稱廣陵，至晉始改稱如皋。此日行程一百三十里。河道彎彎曲曲，寬處三十來米，窄處七米左右，淺處大約三尺餘，深處過丈餘。兩岸耕地肥沃，豆麥長勢旺盛。遠近人戶零星散佈，到處有柏樹，偶有竹林。終日冷暖得宜，極為快適。

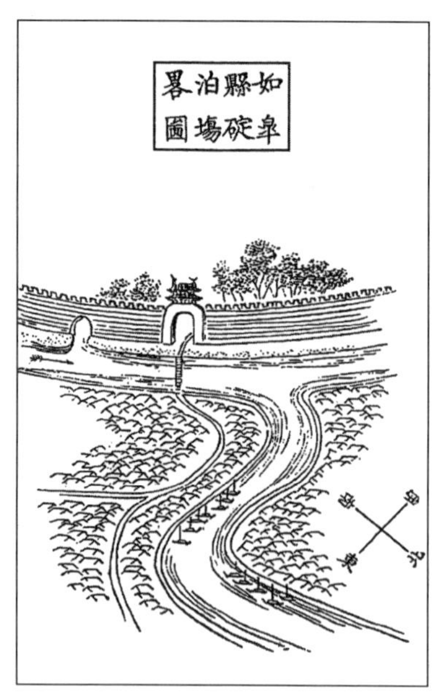

從如臯縣到唐灣鎮

四月十六日，星期日。從如臯縣到唐灣鎮。

拂曉五點出發，煙雨濛濛，疏鐘聲微。舟子二人上陸拉繂，前行里餘，已不見人家，處處唯見墳墓和柏樹。前行經過幾個小村落，其時看到兩三小童爬上桑樹採摘新芽，而想起往時養蠶之苦。桑樹似乎不是每年修剪，其高過丈餘。八點來到名為立發橋的一村，有六七十戶人家，左邊停著一艘小炮艇，炮艇的前部備有三門小炮，已帶鐵鏽，炮口八十“目”左右，炮船的後部橫著三支鐵鏽的槍。十點經過海安鎮，大約有二百來戶人家。此時東風稍強，微雨全止，舟子停止拉繂，揚帆而行，船行甚快。兩岸是綠油油的麥田，間有茅屋。其時，遇見了“大會”的行列，走在最前頭的人戴著二尺餘的蠟製面具，接著有數人敲鑼打鼓，後面有數人抬著一輛車輿，車輿上安放著一尊小佛像，再後面的十餘人手裏拿著各色旗幟，一邊走一邊高聲呼叫。所謂“大會”，就像本邦祭禮時的“山車”，如天津城隍廟的大會真能讓初見者大驚發笑。既而經過明清江、曲塘等小村，一點後來到一個名叫大白米的小村，其時看到右邊有一個署衙，豎著的旗上寫著“抽厘助餉”四個字。從此地前行數里，經過一村，名叫馬戈村。右岸無樹，亦無人家，耕地漠漠，綠色接天。左方是一條長堤，長堤上柳綠桃紅，間有茅屋點點。三點抵達姜堰鎮，舟子停楫不前。問其故，回答說盤費已盡，不得買米買菜，請先付六元，如若不付，則不能前行，於是先付了二元，讓他們繼續前行。其狡猾雖然可惡，然此也是舟子之風習，不足深憂。該鎮人口一百七十餘。前行數百米，河寬水深，河道筆直，其平宛如鏡面，順風滿帆，舟疾如箭。此時看到左岸有兩頭水牛在吃草，其色雪白，似乎塗抹了白粉一般。自從申江出發以來，我等幾乎沒見過馬，只有見過幾頭水牛而已。又有裝著石炭的船經過，問他們石炭是何等價格，從何處買來，回答說每噸七兩三錢，從上海買來。七點，天已晚，柳搖風冷。七點半入唐灣鎮投宿。人家有二百餘戶。

此日行程一百五十里。水路極為曲折，航向西北。河寬處不過三十米，窄處在十米左右，深淺在十二尺至六尺之間，想來五馬力以下的小蒸汽船可以自由來往。左岸有一條柳堤，人家稀疏而不絕，右岸人家鱗次櫛比，沒有人家的地方多為肥沃的耕地，麥苗綠油油，隨風鼓浪。午前煙雨霏霏，午後風動雨歇，薄暮略覺微寒。

（錄自《北中國紀行．清國漫遊志》，
中華書局 2007 年 1 月版）

張謇有大功於民國

辛亥革命期間在南北議和中擔任北方代表之馮耿光憶云，袁世凱雖派出唐紹儀為總代表，唐抵滬後則最為倚重曾任張之洞幕僚之趙鳳昌。馮問唐何以如此重趙，唐答“真正能代表南方意見，能當事決斷的，倒是這個趙老頭子”，且唐還提及趙“尤其為張季老（張謇）所尊重，張趙交亦篤厚”“張每自南通來滬，必住趙家”。趙鳳昌之子趙尊嶽回憶記張謇事云：“武昌事發，適在漢口，星夜歸來，館惜陰堂（即上海趙鳳昌宅），商定大計，務主不擾民，少殺傷，冀以潛移默運之力，肇造新邦，少紓浩劫。一時經世文字，多出其手，各省聯合會，亦奉之為祭酒。”“和議之際，唐紹儀伍廷芳兩代表，日往折衝，議已垂定，退位詔久不下。或曰，一代禪位，亦當得大手筆為之，遂為擬作，電之京師，及詔下，大半均採用之，其原稿猶在人間也。”馮趙所憶張謇於民國創建時期之偉績則當不謬也。世傳清遜位詔書出張謇之手，趙尊嶽文言之鑿鑿。

若樸堂主人有詩云：

狀元翰墨自無疑，遜帝辭國定大棋。
不令中原興戰火，安邦一紙是傳奇。

狀元翰墨自無疑，遜帝辭國定大棋。
不令中原興戰火，安邦一紙是傳奇。

范梅強書靳飛詩作

【附】

張謇與張孝若

趙尊嶽

張謇字季直，別字嗇庵，江蘇海門長（常）樂鎮人，著籍南通，優於文學。初居吳長慶幕中，漸隨赴高麗，時袁世凱方以世家子投效，不為時重，輒往請益。其時文名籍甚，往應殿試，主者必欲物色得之。武進劉葆楨窺得中朝屬意，即於試策中略及朝鮮事，果獲雋，劉固雄於文，知者謂亦善於揣摩也。既佔榜首，出翁文恭公門下。鮮事既敗，歸處鄉里，薄於仕進，有意為經世之學，研討農商、水利、植棉、紡織、冶金、熬波諸事，無不精至。棉鐵立國之說，比之於漢桓寬焉。又重教學，慨於帖括之無裨政事，鄙而汰之，即就邑中舉辦大生紗廠，立師範學校，酌其所盈，以供修脯。旋而濆治道路，建製樓舍，字孤恤老，設南通大學，與日俱進。南通為中國之模範縣者，實惟隻手之力，經之營之。維時山陽丁寶楨任山西巡撫，推挹備至，函中至有"與其為無價值之帝皇，不如為有價值之商人"語，謇拜函，惶悚無地，隨即火之，以逃於文字之獄。貨殖繁冗，文人每非所長。謇握算持籌，思緒井井，顧仍不廢藝事，日以吟課臨池為樂，朋好酬唱無虛夕，亦輒往返滬寧，主持江蘇省教育會事。立憲議起，即與先公及閩縣鄭孝胥、武進孟森、崇明王清穆、山陰湯壽潛設預備立憲公會。又任江蘇省議會長。辛亥春仲，連名十人上書監國攝政王，規以勤政，毋任親貴。書置不報，識者謂清社殆不祿矣。八月十九日，武昌事發，適在漢口，星夜歸來，館惜陰堂，商定大計，務主不擾民，少殺傷，冀以潛移默運之力，肇造新邦，少紓浩劫。一時經世文字，多出其手，各省聯合會，亦奉之為祭酒。市廛失色相告，殿撰公亦右新政，言共和，謹厚者為此，國人宜知所從違。民意向背，於此徵之。和議之際，唐紹儀、伍廷芳兩代表，日往折衝，議已垂定，退位詔久不下。或曰，一代禪讓，亦當得大手筆為之，遂為擬作，電之京師，及詔下，大半均採用之，其原稿猶在人間也。世凱既任總統，往就農商部長，少行其志，勸工治商，多所擘畫，又規畫水利局，為開闢新運河之議。袁旋謀稱帝，屢為箴規，不能聽，拂袖歸去。特與黎元洪、徐世昌、李經羲崇為"嵩山四友"，制定規章，贊拜不名，箋啟以字，勿稱臣，比於漢之"商山四皓"，為革除中之珍聞。此後南北干戈之際，亦時多獻替，而卒不能盡其效。及既歸里，益發奮治墾務，先是通海有墾牧公司，闢地百里，捨鹽治墾，手訂條款，以付之江知源，秉命受成，所獲至豐，尤而效之。於淮南設公司植棉，及雜糧，賴以舉火者，數十萬家。蓋淮北治鹽，淮南改墾之利，實促其成，亦親見其利。余嘗往居旬日，遍攬敷績之盛，江海之勝，沃野千家，炊煙萬灶，乃不能不服其見卓而行毅，化斥鹵蜃樓之地，為桑麻弦誦之鄉也。固以墾事日繁，需資日廣，力或不任，則不免於支絀，憂心如搗，復為招致銀行團往參觀，群許其成效，因有鹽墾債券之發行，賴以支拄。凡與其事者，向與共甘苦，晨興啜粥，晚治麥飯，經國朝野之事，南通庶幾備之，益出餘緒。經營興築，平治塗道，或問其計政，以至家儲，則曰：“吾初無私蓄，亦不治生產，大生會計，為余料量所需，即有紅利酬給，亦入公項，為建置之需，其不足者，即由大生付之。吾以南通人，營南通事，初不為之強分公私，苟有不敷，吾子若孫，當代償其責。”語悖於法，而切於事，因茲人亦多諒之。其時江南俶擾，咸欲得一言為重，方面干城，時時赴通問大政，孫傳芳、徐樹錚均往遊觀，輒置杯酌迓之。又出任吳淞商埠督辦，交通銀行總經理，親勘海塘，規劃淞鎮，惟期促未遑有所建樹。為謇治文牘者，最賞余鄉人沈同芳、孟昭常、劉桓、孟森諸君。沈早下世，孟氏昆季，輒為視草，文彩斐然。劉嘗為農商部次長，漸隱於貨殖，不復仕進。又川沙黃炎培、蘇州沈恩孚，胥負眾望，時治教學，為當世所推重，咸與共患難文字之交。其鄉人管石丞工書，與有神似，便為捉筆，其題名草書謇字，或類寶寶，公文畫押，隨手揮就，人或戲以寶寶稱之，比於王克敏之草押，似老妓二字云。所居先營數椽，近城濠，即曰“濠南別業”，風亭月榭，陳舊有儒雅氣。漸拓地治園囿，別築閎廈，則捨宅為博物館。嘗為子孝若行冠禮昏禮於閎廈中，一時傳為盛事。博物館多出私儲以供之，殿試應卷，嵩山志勝，文獻之徵，歷歷在目。又以素重藝事，故繡繪雕刻之屬彌夥。余沈壽女士，吳人，工刺繡，其所作意大利皇后像，為海國所推獎，嘗延之授繡，亦多精品，張之壁間。南通瀕江建邑，山水襟帶，饒有狼山諸勝，駱賓王所曾至。謇壯年嘗謁觀音殿，始舉孝若，以得神貺，頗事虔禮。因廣其寺，復營觀音院其間，遍徵海內觀音像五百幀，為鎮院之寶。祥雲馥郁，香氣氤氳，花雨諸天，華嚴彈指，因以為狼山公園。部置幽蒨，略似溫州之資福、積穀二山焉。方七十壽時，與兄詧設大酺於城園，稱觴者雲集，謇亦自為題詠以寄興。又約故舊，婆娑為樂，遠比於洛陽耆老之盛會。謇固好樂藝，方宦京師時，新會梁啟超、番禺羅惇曧邀觀梅蘭芳爨演，彌致劇賞，賦詩遊揚之。復為工書摺箑，自謂應朝考以來，未嘗作工楷如此精整。日下傳聞，以為韻事。南通固有劇場，延歐陽予倩主其事。歐陽世家子，治新學，兼通劇藝，受任之始，頗圖振奮，亦感於伶官積習之深，未易遽改，經年辭去。維時蘭芳南來，專舟往演，因建“梅歐閣”以志其盛。蓋掇宋人語以名之，唱和一集，傳遍海宇。從學者李斐叔，賞其好學，攜之上海，屬執贄蘭芳門下，即在交通銀行張筵行禮，隨梅北行，既又同遊歐美。李性簡傲，時與人忤，獨忠事師門無間言。綴玉軒筆札多出其手，清麗可誦，蓋沐教益者至殷。謇書師宗元，結構略似劉石庵，雄健過之。又善《十七帖》，其為先公書則曰："君師眉山，余特效顰以取悦耳。"治文學有法度，不尚風華，自然流麗，獨不好詞。余方受詞學，偶加督過，謂"詞多鄭衛，詞人何補"，余笑而存之，以比於晏臨淄之門下老吏，雖不能用，亦感其誠。生平裘馬飲饌，一匆華治，往往自稱農家子。雖進居機要，退比宏景，初未嘗以絲毫富貴驕人，人亦樂為之用。於孝若，愛之至篤，時見歌詠。宣統元年甫十二歲，即攜之觀南京南洋勸業會，迂道海上，棲息惜陰堂，謂與余同歲，當締奕葉之交。歸即賦五古一章見貽，余亦有和章，則兩為改定之，自此兩家世好，音問勿替。先公復為介楊恩湛、鄭鐵如，授以用世之學，漸從一澳大利人南行，將赴澳學畜植。其人僉壬，館於斐利濱，絜然遠去，遂復返，別隨鄭鐵如至美利堅習商事。先後遠遊，均有述作，《斐利濱遊記》及《仕學集》，為世傳誦。歸來執業上海銀行，漸為考察實業專使，赴歐洲一行，調任智利公使，未遑就任，又任淮海銀行董事長，以至鹽墾、教育、水利諸端，均秉嚴命，善為經紀。孝若天分卓越，文彩清麗，酬酢世務，施設允當，不必盡名父之傳，已足驚世而震俗。自謇謝賓客，屏居海上，董治政書數十卷，為《張季子九錄》，又自編年譜行於世。胡適以子為父傳，詳盡親摯，深愛其書，為長序以美之。世變未已，海桑易代，鹽墾之盛，少減曩昔。孝若知人善任，心力凋瘁，幸能支撐其間，不墜先業，而閱世益深，芳愛盡斂，日趨沉著，舉國譽為令子。視余之浮沉江海，抱持先集，數載未及殺青者，相視誠不可以道里計。方居上海時，輒共晨夕，亦少少從事於棉墾諸業。追溯總角之樂，趨庭之娛，倏已天上，為之淒惻，把手泫然。忽一日，老僕以細故行兇，深宵入就臥室殺之，而復自殺於戶外。知好震悼，乃莫察其致禍之由，誠前劫已。

（據《古今半月刊》1943 年第 20、21 期，
原名《人往風微錄（二）》）

冒辟疆三百歲生日

清宣統三年三月十五日，冒鶴亭、林琴南於北京廣渠門夕照寺，為冒辟疆作誕辰三百年之會。冒鶴亭者，名廣生，字鶴亭，以字行，號疚齋，如皋冒氏後裔而生於廣州；十八歲返如皋應童子試，葉衍蘭《小三吾亭詞序》讚云，“識者咸知其有異稟，稍長應童子試，縣府道皆冠其軍”，光緒二十年，時年二十二歲中舉，“名大噪”。鶴亭曾於戊戌變法中參加保國會，梁啟超稱其“英姿颯爽，氣咄咄若朝日”。後參加清廷經濟特科，因於試卷中用法國思想家盧梭之名而被黜。其遂離京至蘇州、揚州等地，佐閱童生試卷，在揚所取第一名者，即後任北京大學教授之劉師培。光緒庚子後返京，任職刑部郎中，復兼五城學堂教習，其時與林琴南同拜吳汝綸為師。

冒鶴亭與冒辟疆生日相同，每自詡為辟疆後身，其為辟疆作三百歲壽際，正清亡之前夕也，當日冒林等又懷及“戊戌六君子”之殉難，彼此臨觴歎息，慘默無言。林琴南有《夕照寺為冒巢民先生作生日記》文，並作畫一幅，記錄其事。

若樸堂主人詩云：

三百年後歎興亡，後代原非憶辟疆。
眼底洶洶風欲墜，夕陽夕照為康梁。

三百年後歎興亡，後代原非憶辟疆。
眼底洶洶風欲墜，夕陽夕照為康梁。

范梅強書靳飛詩作

【附】

夕照寺為冒巢民先生作生日記

林琴南

夕照寺莫詳所始，在廣渠門內，徑道至荒陋，車行如入深谷。辛亥三月十五日如皋冒鶴亭於寺中集同人，為巢民先生作生日。鶴亭淹博能詩，於巢民先生雖斷縑零素，必拾而藏之。嗚呼，先生於萬曆辛亥三月生，去今辛亥三月三百餘年矣，以壬午副貢，累膺徵辟咸無就。余亦以壬午領鄉薦，是先生三百餘年之後輩，而今日復值辛亥三月為先生祝，匪惟科名同，即所遭之遇幾同矣。晚明之季，朝政析如亂絲，訖於熹宗而明亡。今日雖無廠璫之禍，然貴要沮兵而行賕天下，罷癃如沉瘵人心思亂者，眾兀然一不之悟。余安能不瞿然而懷先生耶。當熹宗季年先生結社金陵抗逆案也，今我輩雅集於此，與六君子之難，裔殊獨鶴亭者為先生裔孫耳，余非不病之呻而有集霰之懼，臨觴太息，慘默無言，則勉為之解曰：昔者如皋中元先生必於定惠寺集同人，為陽羨君（陳維崧）設齋資冥福。今日之集殆踵先生之禮陽羨乎？鶴亭首以詩倡，眾皆屬和，余為製圖。是年秋武昌事起，余移家析津，事定而鶴亭亦以衣食奔走四方，未審所製圖存焉否邪。嗚呼，先生與余同壬午耳，敢不惕然步武先生之後閉戶終其餘年。惟恨不至江南向水繪庵遺址，臨風一弔先生也。

若樸堂主人按：文中之明熹宗處，均應指崇禎帝，不審何以誤作熹宗。

林琴南為米商作墓誌銘

近世兩名家嚴復林紓曾為通州米商費鑒清分作傳及墓誌銘。費鑒清，名啟豐，字鑒清，南通平潮鎮人。林紓琴南文收入《畏廬文集》，言其係應費鑒清之子師洪所請，然其與師洪亦未有素也，心感其孝耳。林文記鑒清事蹟，鑒清中年窘於家累而販米江淮，歲歉則廉其值售之，受惠者頗眾。又有疏屬族人欲售舊宅，鑒清曰："百年歌哭之所，惡可棄也"，竟籌資購為祠堂，春秋躬率子弟肅拜。琴南讚其"奉親律己，利物和眾，有宿儒所莫逮者"。費師洪者，字知生，曾師事南通才子徐益修，編註有常州惲敬文集，列入商務印書館之萬有文庫。師洪亦尤重宗族，民國十五年編印《南通費氏家傳》，記其遠祖於明成化年間自江西鉛山徙南通州，其家傳序中論云，"人苟各率其族，族苟各約其人，使無背畔其本而歸於至善，則由是推之一市鄉而一縣，一縣而一省，一省而一國，執至簡以馭至繁，執至易以馭至難。人人親其親，長其長，而天下平。此非所謂言有大而非誇者耶"。費論蓋去彼時流行之新文化遠矣。林琴南所作墓誌銘之有誤者，費氏居在平潮鎮，林氏錯為平湖也。

若樸堂主人詩云：

通州未許廢常倫，費氏宗族代代淳。
可笑琴南揮巨筆，何曾知事更知人。

今任職南通通州之吳瑕女史感余作《南通筆記》，有詩寄余，錄之存為今典。詩云：

客從遠方來，讚我鄉與土。
讀我故人詞，閱我舊時書。
經卷似神媒，文思連今古。
揮毫抒雅韻，把酒話鴻儒。
可歎南通州，地靈人傑處。
只緣此山中，真義竟不悟。
才情湧未歇，華章鼓與呼。
吾鄉吾輩繼，古韻續新譜。

通州未許廢常倫，費氏宗族代代淳。
可笑琴南揮巨筆，何曾知事更知人。

范梅強書靳飛詩作

張謇之重用歐陽予倩

癸卯仲秋，南通市戲劇家協會主席李中慧女史邀余往觀更俗劇場及伶工學社，眇眇百年之思，言不能明。其創建者張謇，字季直，號嗇翁，清咸豐三年生於海門常樂鎮，光緒二十年恩科狀元，二十三年辭官歸鄉，其云“願為小民盡稍有知見之心，不願廁貴人受不值計校之氣；願成一分一毫有用之事，不願居八命九命可恥之官，此謇之素志也”。此舉實中國千年科舉史罕有之豪舉。越八年科舉制廢，士生惶恐不知何以自存，則謇公已然實踐實業救國，服務地方之嶄新道路，正孟子所云，“先立乎其大者，則小者弗能奇也”，實業之創固多艱難，謇公終成偉業，再為楷模。

張謇之折節結交戲劇家梅蘭芳歐陽予倩，斥巨資興建更俗劇場及伶工學社，不可以其個人興趣視之。其識梅早於歐陽，而用歐陽又早於梅氏。歐陽予倩光緒十五年生於湖南瀏陽官宦之家，赴日留學近十年，深諳日本近代戲劇改良且親身參與，為中國第一代話劇演員。歸國後復學京劇，民國五年始為正式演員，仍兼演話劇，京劇以“紅樓”

劇目享譽滬漢。張謇先是屬意歐陽戲劇改良言行，延請其於民國六年來通演出，語歐陽云，“戲曲不僅繁榮實業，抑且補助教育之不足”，亦即張謇之美育教育理念也，而以歐陽“文理事理皆已有得，意度識解亦不凡俗，可任此事”。歐陽亦破釜沉舟，於民國八年舉家遷居南通。伶工學社之創建宗旨：一曰為社會效力之藝術團體，不是私家歌童養習所；二曰造就改革戲劇的演員。張謇又延請梅蘭芳至通，建梅歐閣以張之。彼時梅已為海內外巨星，豈歐陽所能比肩，是為張謇明為捧梅，實則抬高歐陽之聲望也。至於“北梅南歐”之說，尤為無稽之談。然張謇親撰之聯極妙，聯云，“南派北派會通處，宛陵廬陵今古人”，宛陵為宋詩人梅堯臣，廬陵即歐陽修，用典貼切自然，果然狀元公手筆。惜歐陽僅居三載，未能竟其事。共和國初建，用歐陽予倩為中央戲劇學院首任院長，今日影視界莫不以中戲為尊，伶工學社則為其前世矣；歐陽代表劇目《桃花扇》亦於南通時期創編，果其後來桃李滿天下，足證張謇有識人之明。

若樸堂主人有詩讚云：

並號梅歐是創新，狀元妙對假作真。

早料桃花能大盛，如今果是滿園春。

范梅強書靳飛詩作

並號梅歐是創新，狀元妙對假作真。
早料桃花能大盛，如今果是滿園春。

【附】

贈歐陽生

張謇

文履輕裾桓叔夏，買舟便肯渡江來。
料應泚水麾軍輩，遠謝清溪弄笛才。

說夢紅樓猶出楔，聞歌白髮為停杯。
瀏陽名士吾差識，論子於詩當別裁。

送予倩率伶生之漢口

張謇

共君說樂夢鈞天，歲有新聲被管弦。
一隊兒郎教得儁，也應騰踔李龜年。

暑江正漲君遊漢，君約東回定過秋。
最惜洞庭張樂地，君山愁黛看橫流。

歐陽予倩記袁寒雲在通演劇事

歐陽予倩《自我演戲以來》中有《在南通住了三年》，其中記民國四公子之首席、袁世凱之第二子袁克文即袁寒雲曾在南通更俗劇場演出三日，歐陽與之合演崑劇《小宴驚變》《遊園驚夢》，袁又在通向名丑克秀山學習，演出丑角戲《三字經》。

歐陽予倩云，“他演戲最困難的就是鴉片煙癮老過不足，劇場的時間不是似請客一樣可以隨意遲到的，可是他儘管催請五六次還不會下樓。（查）天影帶著管事的坐在他樓下恭候，時時問他的跟隨：二爺怎麼了？那跟隨的回答是：二爺剛起呢！二爺正在擦臉呢。喝著茶呢。抽煙呢。一會兒看見他自己帶的廚子端菜上樓以為有希望了，誰知一吃完飯又要二十幾口（煙）起碼。劇場的時間已經緊迫了。我們都化好妝等著他，大家惶惶然看看戲要脫節了，不得已破從來未有之例加演一齣不相干的戲。（中略）薛秉初先生當他是太子登岸，上戲館，都派有幾條槍排隊跟隨，使太子之威儀保持無替，這也是可紀念的一事”。

若樸堂主人詩云：

居然演劇帶鋼槍，皇子威風也正常。
洪憲寒雲都是戲，才高八斗病清狂。

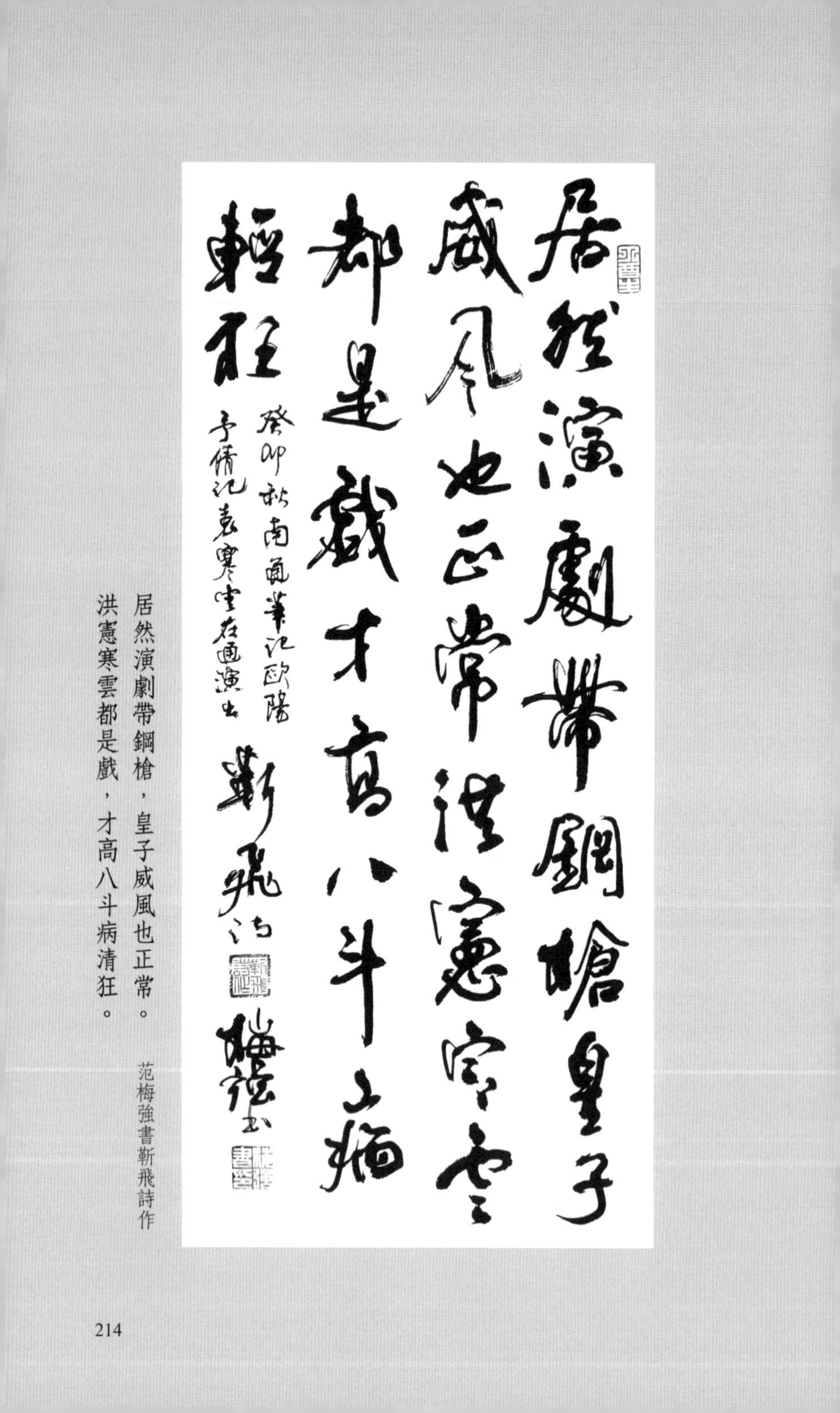

居然演劇帶鋼槍，皇子威風也正常。
洪憲寒雲都是戲，才高八斗病清狂。

范梅強書靳飛詩作

袁克文為余覺書題詩

袁克文《丙寅日記》四月十六日記有：“吳縣余冰人，針神沈壽之夫也，悲婦為奸徒所奪，撰《痛史》紀之，見寄一冊，漫題曰：‘絕代針神余沈壽，彌天冤苦籲無門。可憐一卷孤鶼語，盡是啼殘血淚痕。’冰人自號鸜口孤鶼。”余冰人即沈壽夫余覺，於沈壽歿後著《痛史》，記張謇奪妻之恨。袁克文雖為張謇之世交晚輩，且此際張謇尚在人世，仍以“奸徒”稱之。張謇沈壽之公案，實非局外人所能道也，袁克文詩不可不謂之多事。

張謇詩贈譚富英

民國十二年六月，年方十八歲之譚富英至南通演劇。富英為“伶界大王”譚鑫培之孫，後亦躋身“四大鬚生”之列，子元壽、孫孝曾及重孫正岩克紹箕裘，皆有成就。今正岩復生子霖澤，又可期許也。富英幼入富連成科班，唐伯弢《富連成三十年史》謂少年富英云，“音韻純正，腔調自當。唸白唱作純摹乃祖，頗得箇中三昧。且聰明喜用功，故能戲極夥，尤以譚派各戲最受歡迎，每演《定軍山》《陽平關》《珠簾寨》《賣馬》《打漁殺家》《失街亭》《碰碑》《擊鼓罵曹》《洪羊洞》《四郎探母》《桑園寄子》等劇，頗有乃祖之風味”。

時已七旬之張謇觀譚富英劇，憶及昔在京師夢影前塵，慨然記云：“清咸同間，京師擅聲劇藝者，前惟程長庚、余三勝，後為梅巧玲、余紫雲、徐小湘（香）、譚鑫培數人而已。光緒己卯，兩江總督沈文肅（沈葆楨）公卒官，城南士大夫至，為語曰：今年中外失兩要人，一沈幼丹（沈葆楨），一程長庚。其見重於時如此。譚（鑫培）學於程之高弟也，光緒中葉，惟譚獨存。辛亥後，巧玲孫（梅）蘭芳，殫精藝術，獨出冠時，名譽溢流海外，駸駸拂譚之馬首矣。譚年幾七十，猶時時出遊，袍笏登場，神采四映。每觀其演藝，歎其壯，未嘗不憐其遇也。丁巳病卒，嗣響無人。其孫富英，頃來南中，仍世先業，評論者謂其奄有祖風，來通，觀之不謬。夫鼎門名閥，頹落不競者，不勝數矣，梅譚顧皆有孫耶？昌黎（韓愈）所謂稱其家兒者，良不易也。為與二絕以鼓舞之。人必能自樹立，乃能有其祖父，譚郎勖哉！”

張謇題詩兩首，其一云，“伶官長老數梅譚，梅有孫枝突過藍。難得譚郎初出手，一聲雛鳳滿江南”。此首寫實，無他也。其二云，“長庚名與重臣傳，我到京師後一年。眼底譚家又三世，剩誰頭白話開天”。重臣者，即指兩江總督沈葆楨。沈字幼丹，光緒五年己卯歿，謚文肅。程長庚逝與沈同年。次年清流中堅黃體芳任江蘇學政，於張謇極力提攜。張謇云“我到京師後一年”，當指得黃體芳力赴京，後得參加順天府試。詩中之“一年”，或張謇記憶略誤也，待考。“眼底譚家又三世”，則謂張謇歷經程長庚與譚門三代，垂垂老矣，其心境如其詩序之“夫鼎門名閥，頹落不競者，不勝數矣，梅譚顧皆有孫耶”。“剩誰頭白話開天”，興長歎也，其一生交遊多凋落矣。張謇之於京劇，獨與梅蘭芳、譚富英晤談，觸及往事，所語並詩非僅因劇耳。

張謇另有《屬富英復演〈空城計〉賦贈》一首，詩云：

"未容勝負定安危，一局街亭黑白棋。付與譚家成絕唱，耳中有祖有孫兒。"其情亦同前二首也。

若樸堂主人詩云：

老眼聽歌憶正酣，孫兒龍鳳姓梅譚。
燕京門第興亡盡，剩落江南淚不堪。

老眼聽歌憶正酣，孫兒龍鳳姓梅譚。
燕京門第興亡盡，剩落江南淚不堪。

范梅強書靳飛詩作

張謇為大倉喜八郎賀壽

我友日本前駐華大使宮本雄二先生知我寫作《南通筆記》，自日本寄來資料，為今存於大倉集古美術館之張謇書法。原作為立軸，長二百零九厘米，寬八十厘米，所書為張謇詩，詩云："富民明治說天皇，菱井雄財輩大倉。美俗金婚諧米壽，通神西母儷東王。三山自給金丹藥，萬頃應求碧海桑。食棗安期今在否，欲尋壺嶠問員方。"大倉喜八郎為日本近代大財閥，一九一二年張謇曾以崇明紡織為擔保，向大倉公司借款銀二十五萬兩。一九二四年逢大倉八十八歲米壽及金婚紀念，張謇書此詩為賀，彼時梅蘭芳曾率團東渡為大倉賀壽，此件或由梅氏攜至亦未可知。

富民明治説天皇菱井（三菱三井）雄財輩
大倉美俗金婚諧米壽（日人以年八十八爲米壽婚滿五十年夫爲金婚）
通神西母媲東王三山自給金丹藥萬
頃應收碧海桑食棗安期今在否蓬
壺嶠問負方　長律鄭祝
大倉先生八十八大慶　南通張謇

張謇贈大倉喜八郎詩作

頤生茵陳酒

予住南通年餘，記昔嗇翁張謇狀元公念念不忘京師茵陳酒而創頤生酒廠，乃遍訪友人索頤生酒而皆不得其味。甲辰清明，承南通文聯張華主席邀至常樂鎮頤生酒窖，張泉匯總經理親為引導，得嚐茵陳陳釀，京中不知此味凡一甲子矣。

若樸堂主人詩云：

問別京華第幾春，頤生猶在釀茵陳。
當時本作尋常物，一遇涼薄分外珍。

問別京華第幾春，頤生猶在釀茵陳。
當時本作尋常物，一遇涼薄分外珍。

范梅強書靳飛詩作

如皋奇才李斐叔

歐陽予倩主持伶工學社，首批學員以甲班李斐叔最為著名。斐叔名金章，如皋馬塘鎮人，少年美丰姿，貌好如女子，入學後學崑劇京劇及話劇，勤勉讀書，能詩詞，工書善畫，書從張謇，畫師王个簃。張謇極愛斐叔其才，薦之拜師梅蘭芳，函稱“李生年十七，未娶，入伶社四年有奇，頗知克己，愛好讀書向學”。民國十三年一月六日，張謇親攜斐叔乘大慶號輪赴滬，為之舉行拜梅儀式。行前張謇贈詩三首，其二云：“故技休矜舞蔗竿，新知《劍器》有波瀾。從來萬物師無限，巾角書生妙五官。”蔗竿取意“老境須甜直到根”，劍器用杜甫“一舞《劍器》動四方”之典，末句化用王士禛《戲仿元遺山論詩絕句》之“巾角彈棋妙五官，搔頭傅粉對邯鄲”。斐叔師事梅蘭芳後，兼任梅氏秘書，曾隨梅赴日、美、蘇演出，著有《梅蘭芳遊美日記》《梅蘭芳遊俄記》《梅邊雜憶》等多種。梅氏晚年回憶敘及斐叔云：“他對戲劇一道，限於天賦上的種種條件的不夠格，並不能有所深造。可是文學方面倒頗有成就。筆底下說得上是通暢流利，足夠應用。替我辦過好多年的文書，我倒也很得他的幫助的。”斐叔文筆生動活潑傳神，余謂之在齊如山許姬傳之上。然斐叔高冷簡傲，心直口快，倜儻不羈，作文云有“三不寫”，謂之興會不至不寫，皮夾不空不寫，不近女色不寫。其自釋曰：“興會至則下筆千言，倚馬可待。皮夾空則妻孥嗷嗷，待米作炊，使你不忍不寫，換錢易米也。近女色則周身如釋重負，頭腦格外清新，其功效實不減紅豆燈邊米麥花也。”張謇亦知斐叔性情，每為之慮，念念不忘，逝前一年猶致函梅蘭芳託囑云，“善視李生又厚遇之，彌見屋烏之愛”；後梅蘭芳居香港期間，斐叔竟以貧病死於南京，年僅三十五歲。我友中國戲曲學院李小紅教授不忍斐叔泉下寂寞，於斐叔之研究最為精詳。

若樸堂主人有詩記云：

如花貌恨不羈才，誤入梨園最可哀。
巾角書生牛角用，梅邊李跡忍徘徊。

范梅強書靳飛詩作

如花貌恨不羈才，誤入梨園最可哀。
巾角書生牛角用，梅邊李跡忍徘徊。

又記：

李小紅女史寄來大著，記梅蘭芳弟子李斐叔事蹟極詳盡。斐叔出身南通伶工學社，最為張謇先生所重，惜限於天賦而於演劇未能發展，改任梅氏秘書，留有著述多種，後以貧病歿，年僅三十五歲。斐叔身後又八十春秋往矣，得小紅女史為之作傳，再題一絕：

也是梅郎誤李郎，天生簡傲擅文章。
紅顏死後紅顏傳，記此伶工獨鳳凰。

也是梅郎誤李郎，天生簡傲擅文章。
紅顏死後紅顏傳，記此伶工獨鳳凰。

范梅強書蘄飛詩作

【附】

李斐叔生平簡表

約 1907 年，生於如皋馬塘鎮西街，弟兄三人，行二，名金章。

1919 年 9 月，入伶工學社首期甲班學習。

1920 年 8 月，伶工學社新舍落成，於更俗劇場舉辦演藝會，李斐叔演出崑劇《小宴》《春香鬧學》，並參加“奏琴唱歌”。

1923 年 12 月 30 日，張謇作《李生將至京師學於綴玉軒主，同人即中隱園設餞賦詩因以勖之》三首。

1924 年 1 月 6 日，《張謇年譜長編》記，“偕劉煥、吳我尊、李金章乘‘大慶’輪往上海，參加淞滬港務會議”。

1924 年 1 月 10 日，在上海交通銀行舉辦拜師梅蘭芳儀式。

1924 年，隨同梅蘭芳赴日演出。

1930 年，隨同梅蘭芳赴美演出。

1935 年，隨同梅蘭芳赴蘇演出。

1942 年 3 月 4 日，病逝於南京，歸葬原籍。

李生將至京師學於綴玉軒主，同人即中隱園設餞賦詩因以勖之（三首）

張謇

其一

離筵進酒為歌遲，酒外將寒欲雪時。
四海求生今得主，歸來何以張吾時。

其二

故技休矜舞蔗竿，新知《劍器》有波瀾。
從來萬物師無限，巾角書生妙五官。

其三

梅花本是西鄰種，肯費餘芳乞李花。
說與退之如有錄，縞裙不在玉皇家。

李斐叔之心直口快

中國戲曲學院李小紅女史作《李斐叔生平考論》諸文，錄有斐叔之心直口快二事。一為斐叔文章曾記，“（梅蘭芳）至友齊君，宴請一位要人，臨時要他（梅）加入，他不願去，電話中齟齬起來了。他把不願去的理由說明之後，齊君猶嘵嘵不休，於是他發怒了，看他鼓起一股勇氣說道，就是一隻狗，如果把他趕急了，他還要跳牆呢。這句話，在他總算是疾言了”。斐叔直書此節，豈非開罪梅蘭芳之至友齊君？李小紅又引《新天津畫報》文《姚玉芙被辱記，李斐叔當筵大罵》，文稱“梅在津演劇，某大夫宴之於鹿鳴春飯莊。酒酣，梅之弟子李斐叔，藉酒意大肆口舌，對（姚）玉芙戟指痛罵，謂其如何克扣包銀，如何營私舞弊，梅先生一生心血所得，尚不及玉芙之多，可見其貪得無厭。眾皆不安”。姚玉芙為梅氏一生之左膀右臂，交情極深，斐叔此舉足見幼稚。昔者張謇致梅蘭芳推薦函中有“（李）生尚未知行路難也”，是為深知斐叔者。

若樸堂主人有詩云：

倨傲從來自性情，江湖自古要逢迎。
無知李生偏直率，枉見梅郎笑滿盈。

倨傲從來自性情，江湖自古要逢迎。
無知李生偏直率，枉見梅郎笑滿盈。

范梅強書靳飛詩作

【附】

史太林（斯大林）看過我們的戲麼？

李斐叔

“史太林看過中國戲麼？”這是我們（梅劇團團員）從蘇聯演戲回國，一直到今天，還遺留在腦海裏的一個疑問。

蘇聯！這新興而偉大的蘇聯！一言一行，委實太神秘了！要不是我們身歷其境，那麼，對於《俄京旅話》（蔡運辰著）所謂“禁網森羅，偵緝嚴密”這八個字，是決不會發生信心的。

關於政治上的“涇清渭濁”，恕我是懦夫，沒有這股勇氣，也沒有這種學識與資格，去任意雌黃。一向以“戲子”“伶工”自視的我（作者原註：我本是南通伶工學校的畢業生，又是梅浣華先生的矮足 —— 高足的反比例），吃一行且說一行。姑將我們遊歷蘇聯，公演之餘，所得關於秘密警察的印象，以及史太林畢竟看過我們的表演沒有？這幾種富有“神秘趣味”的回憶，拉雜寫出來供給讀者。

當我們所乘蘇聯派來的專輪“北方號”，到達海參崴的時候，第一個觸進我們眼簾的，便是那荷戈木立，穿著類似長袍外套的紅星鬥士。氣宇的軒昂，使我不自覺的於無形之中，也受著傳染，把我的駝胸曲背，立時也挺直起來。

稅吏的檢驗，是十分的和藹與隨便。這是我們特殊的優遇。(作者原註：往年遊日遊美，也都是如此。還有一位法國的藝術家，自北平經滿洲里西比利亞回國，受著稅吏苛刻的留難，後來在他的行囊中，找出一張梅蘭芳送給他的像片，因而得立即放行。這位藝術家，在他的遊記中，深為感歎"中國藝人"魔力之偉大！其文描寫盡致，刻畫入微，我曾與徐君將他譯成中文，容當檢出，公諸讀者)

蘇聯對於貴重物品的入境出境，限制是非常的嚴厲！還記得胡蝶女士，在登岸的時候，因為所攜的鑽石寶飾太豐富眩耀了，使那些胼手胝足的粗大漢，不免驚奇而發生周折。可是後來竟得安然無事，仍舊攜著她的"吸人的霓虹燈"(作者原註：這是我替一般女人飾品所取的別稱)揚長登岸而去。這是什麼原故呢？原來這隻聰慧的"粉蝶兒"，在她出國之先，早已料到這一層，在她那隻首飾匣子之中，雖然裝得滿滿的，卻有十分之九都是"贋品"。

在且尼司金 Chelnskin 旅館的飯廳中，樂台上奏著那雄壯悲涼的《伏爾加船夫》曲，我們第一次嚐到那"真正羅松大菜"的風味。這家旅館的經理以至招待員，都能說很流利的山東話，尤其是那位專門派來招待我們的一個招待員，一口純粹的北平話，要不是看他面部的種族特徵，一定當他是位"京尤子"(作者原註：北平旗人善於辭令者，俗曰"京尤子")。

在進膳時，我們有什麼需要，便請這位招待員作翻譯。關於海參崴的風土人情，他也不厭其詳的告訴我們。直至飯罷，越談越有精神！由這座旅館的命名（作者原註：且尼司金是隻探險船的名字）而談到北極探險，由探險而談到西比利亞的森林，由森林而談到集體農場與工業的發達，進而至於五年計劃，又進而至於世界大勢，由世界大勢突然轉過舵來談到中國的問題，特別是中日的問題，歷歷如數家珍！滔滔如決江河！足足談到十一點多鐘。這才興盡而散。想不到抵俄的第一個晚，便上了"蘇維埃的第一課"。團員郭君建英，他以為蘇聯的教育太發達了！一個普通的僱員，竟學識飽滿到如此！但是我疑心，疑心他是國際警察局的一位秘密偵探，而且恐怕還是一位宣傳員呢！于右任先生也曾說過："俄人招待遊客與新聞記者，皆其黨中經專門訓練之能者任之。"所以我們打定主意，把我們的自身，作為收音機，耳聽可，口頭評論則不可。

梅先生自到蘇聯直至出境止，有蘇聯對外文化委員會的派員招待，在梅先生的汽車上，更派有一位"保鑣大漢"，那人的身體魁梧，沉默寡言，他只會說他本國的語言，至於英語、德語、中國語，據他說一概不懂。讀者！他真不會說外國語言嗎？不！他非但能英、法、德各國語言，中國的官話滬語，也無一不能，無一不精呢！我們如何發現的呢？在梅先生離開莫斯科之先，因為他終日隨從左右，保護周密，梅先生擬給以若干金錢，作為他精神的酬勞，他卻拒絕不受！同時他卻要求梅先生送給他簽名的像片，以及關於中國戲劇的書籍，在這時，他所說的卻是很流利的中國話，什麼“謝謝！”“謝謝儂呀！”說來極是暢順！梅先生大為驚異！問他：“你到過中國嗎？為什麼說得一口很好的中國話呢？”他，這神秘的保鏢者的回答，卻是“笑而不言”。

當我們在蘇聯的時候（一九三五年春），托派份子以及所謂“紅蘿蔔”尚未完全肅清（作者原註：紅蘿蔔外皮是紅色，內裏是白色，用以代表“白俄之表面服從蘇維埃者”，這種人在西比利亞最多，都是放逐到那邊去的，當我們列車經過西比利亞的時候，一到日薄崦嵫，車窗的絨幕，必須掩起來，以防襲擊。但是在一去一來的過程中，還是未能免俗，受到兩次磚石的光顧，險些將大琴師徐蘭沅又光又亮的腦袋打出血來。自前年嚴厲清黨之後，這種情形也許沒有了），所以梅先生的車上，不能不有保鏢，以免危及上賓。同時也許寓有監視之意，再探視探視外人對於社會主義的真實評論究竟如何？（作者原註：蘇聯深切了解“當面的評論”是虛偽成分居多，“背後的評論”才是真實的）其實我們平時所得的印象（作者原註：以戲劇為主要），背後的評論，可議者十之一二，可譽者十之八九，所以對於他們所派偵探，不問如何的嚴密，自問總覺無疚於心。

我們全體團員，也有一位少女派來做嚮導。我們單獨行動的時候，或者去購買物件因語言的隔膜而發生困難之時，常常在身旁人叢中，會走出一位善說中國話的俄國人來，他來替你當義務翻譯，解除困難。他是誰呢？怎麼遇得這樣的巧呢？

有一次我在一家商店購物，一個女店員她指著我手上所御的金戒指，她操著純粹的英語問我："這是什麼？有什麼用場？"我回答："這是我結婚的戒指，紀念我夫人的。"想不到她竟向我要求："請你立刻把他棄掉罷！"我很詫異的問她："為什麼理由呢？"她說："男與女的愛情，是'自然的''純潔的'，兩情的結合，只要情意相投。有一方面認為不滿，便可離婚，強居無益。在結婚之初，先要仗著這齷齪的黃金，作為兩人愛情的聯繫，已經是不自然，不純潔了！而且事先已存了破裂之象，所以我勸你把他棄掉！"我聽完這小店員的言論，倒也覺得頗有見地。無奈我終未能割愛，把約指棄掉！並非我吝嗇不捨這區區的黃金，因為這約指，並非紀念結婚的，乃是我平生第一個情人，自法國巴黎給我帶回來的紀念。她雖已羅敷有夫，我卻見物如見其人，永遠帶在指間，直到我寫這篇文章的時候。

蘇聯的少女，既具有健美的體格，更富於真摯的熱情。當梅先生在舞台上表演的時候，觀衆中的婦女，常常發出：“梅蘭芳！我愛你！”熱烈的呼聲！(作者原註：在美國也曾有過)尤其是在莫斯科國家劇院公演最後的一夕，劇畢，觀衆不肯離座，幕起幕落十餘次，有一位少女在高呼：“梅蘭芳我愛你！”之後，懷抱鮮花一束，登台贈與梅氏，她是誰呢？她就是卸任不久蘇聯外交委員長李維諾夫氏的令愛。

我們在莫斯科表演完畢，再到列寧格勒公演，演畢於四月十二日晨，復返莫斯科，將由此登車回國，而蘇聯國家劇院 Bolshoi Theatre 的經理忽來要求：務必在國家劇院再作最後一次之公演。據說是因為政府一部分高級人員，要看一看中國戲的藝術。

我們自在莫斯科公演以來，時時刻刻注意到台下觀衆中，有沒有一個濃眉毛大鬍子(作者原註：史太林)其人？但是始終未被發現。英國的青年漂亮外交家艾登(作者原註：那時任掌璽大臣，適遊俄京)以及英國的佈景專家戈登克雷氏，還有李維諾夫氏，都曾經光顧過。獨有蘇聯政府幾位要人，我們總猜不透，“到底來看過我們的中國戲沒有”？

有這樣一個最後的機會，我們全體團員，非常的興奮！總以為可以瞻仰瞻仰蘇聯要人如史太林、莫洛托夫……的丰采了。我想這也是一種崇拜英雄的心理，是每個人都有的。

幕啟了！在國家劇院最後的公演開始了！中蘇的旗幟，分懸在舞台的兩旁。

我們在台上表演的時候，一部分的心靈，注意到台下觀眾中“有沒有一個濃眉大鬍子其人”？只看見有兩個包廂，閒空著，並未坐人，似乎在等待幾位貴賓的降臨。

不數分鐘，那包廂中的燈光，突然黑暗了！而我們舞台面的反射光線，也特別比平時來得強烈！我們再看看台下，因為燈光的強弱關係，驀然間好像放下了一層黑幕，什麼也看不見了！再望望那兩個包廂中，隱隱約約多了幾個黑影而已！在這時，後台中忽添了幾位不相識的大漢，兩手插在衣袋中，聰敏的讀者！我想你一定知道他是誰？

劇畢之後，才有一位後台職員告訴我們說：“史太林剛才來看過戲了。”但是我們並未親見其人，不敢確定說“史太林”一定看過我們的戲。所以我們（梅劇團團員），從蘇聯獻演回國直到今天，在腦海裏還遺留著這樣的一個疑問：“史太林看過我們的中國戲嗎？”

（《申報》1939 年 6 月 29 日第 18 版、6 月 30 日第 22 版、7 月 1 日第 20 版、7 月 2 日第 18 版連載）

吉鴻昌摯友朱其文父子

我友朱育誠公曾任新華社香港分社副社長、北京市政協第九屆委員會副主席，睿智博學，熱情健談，開朗明快。其曾對予云，其父朱其文公為如皋范湖洲人，今屬長江鎮。其文公早年在京參加學生運動，一九三〇年加入中國共產黨，受命任馮玉祥部特派員，與國民黨二十二路軍總指揮兼三十軍軍長吉鴻昌相交莫逆。吉氏於一九三二年加入中共，次年組建察哈爾民眾抗日同盟軍，年餘後為蔣介石所捕殺。其文公得免於難，抗戰勝利後任遼北省人民政府副主席，哈爾濱市長、瀋陽市長；共和國後任國務院第一辦公室副主任，駐保加利亞大使、駐越南大使，亦當屬“將軍大使”中之一人也。二十一世紀初，予任北京市政協港澳台僑及外事工作顧問，育誠公還曾邀我同至天津看望吉鴻昌女吉瑞芝，吉朱兩家兩代深交，有如一家，育誠公直呼瑞芝為姐，此予所親見。彼時予嘗有詩贈育誠公云：

昔年成長亞夫營，壯歲香江振長纓。

一任封疆歸稼藝，半生物理愛石清。

蓋育誠公幼年長於延安，就讀於哈爾濱工業大學物理專業，晚歲喜收集奇石，京郊耕種為樂。

育誠公亦有和作云：

浸透京味居東瀛，老生代中一精英。
兩京之間傳佳藝，不忘胡同赤子情。

育誠公當為我所相識者中之首位如皋人，今歲亦已八五高齡。

客中寄—朱育誠

昔年成长亚夫营，
壯岁香江振长缨，
一任封疆歸稼艺，
半生物理爱石清。

和靳飛世兄

浸透京味居東瀛，
老生代中一精英，
两京之间傳佳艺，
不忘胡同赤子情。

昔年成長亞夫營，壯歲香江振長纓。
一任封疆歸稼藝，半生物理愛石清。

浸透京味居東瀛，老生代中一精英。
兩京之間傳佳藝，不忘胡同赤子情。

朱育誠書與靳飛唱和詩作

新四軍隆冬過海門

皖南事變中突圍之新四軍撤至鹽城，次年部分奉命開赴蘇中，部分至浙東開闢新遊擊區，時任新四軍《新文化》雜誌主編之魯迅弟子黃源，與戀人巴一熔一同參加浙東隊伍。黃源在回憶錄中憶及一九四二年十二月二十五日離開鹽阜之後經歷云："從鹽阜到蘇中，是沿海灘走，白茫茫一片，海灘上都是茅草，鹽鹼荒地，見不到人。但沿海駐有國民黨軍隊。我們每天晚上在海灘上走，走到天亮才宿營。晚上走得頭發暈，有的是一邊走一邊打瞌睡，有的走到路邊上睡倒了。我們後面有個收容隊，看到有睡倒的，就把他拖起來，叫他跟著走。說是在海灘上走，其實是在海灘的海水裏走。上面是水，下面是沙地。有的地方水深過膝，下身衣服都濕了。有一天走到一個叫小洋口（小洋口港在今如東縣）的地方，背面的小村子中，駐著日本鬼子，在村子外邊有一個齊腰深的小港灣，我們只有從小港灣過去。過港沒有船，怎麼辦？我們有兩匹馬，有的就騎馬過去。但一百多人，只有兩匹馬，不夠用的。我們把棉褲脫掉，捲起褲腿，手拉手，一個拉一個，涉水而過。這是隆冬臘月，走上岸後，北風一吹，腿上都結冰了，像刀割一樣，冷徹骨髓。有的來不及脫棉褲，穿著棉褲下水，上岸之後，又冷又重，走不動了。到一個地方，找一塊門板，或稻草什麼的，趕忙睡覺。中午起來吃點東西，弄點水洗洗腳，吃過晚飯，又走。就這樣走了一個多月到了海門。到了海門復興鎮後，在那裏過的春節。組織上給我們發錢，做衣服。給我做了一套棉襖、棉褲，給巴一熔做了一件棉袍和一件罩衫，都換上便衣。再從蘇中出海，繞過吳淞口、杭州灣，駛向浙東。”

黃源於上海解放後任軍管會文藝處常務副處長，處長為夏衍兼任，五十年代初調浙江省文化局局長。

若樸堂主人詩云：

師尊魯迅志從軍，轉戰浙東煉鐵筋。
一過海門無險地，書生自此建功勳。

又記：

昔曾任新四軍秘書長，後為中顧委常委之李一氓公回憶錄中，亦曾記“皖南事變”突圍後輾轉到南通、鹽城事，於南通則曾至今崇川區之任家港及如東、海安，如東、海安彼時已在蘇中解放區範圍。

范梅強書靳飛詩作

師尊魯迅志從軍，轉戰浙東煉鐵筋。
一過海門無險地，書生自此建功勳。

徐紫雲“捉弄”傅增湘

徐紫雲者，清初如皋冒辟疆家班之歌童。傅增湘者，清末直隸提學使，民國教育總長。此二人者，本風馬牛不相及，適有張伯駒收得陳維崧乞陳鵠所繪之《紫雲出浴圖》，亟欲賡續風流，遍請當時巨宦名士題詠。清直隸總督陳夔龍為之題引首“離魂倩影圖”，並題七絕二首。陳此舉亦多事也，此一名跡原名甚著，陳之引首實屬多餘。其後傅增湘自恃與陳熟稔，題畫詩句云，“韻事流傳感歎新，嬌嬈誤認女兒身。嗤他海上庸庵叟，霧裏看花恐未真”。庸庵即陳夔龍之號。陳再次觀畫時得見傅詩，勃然大怒，更題畫上句云，“辛巳正月重閱《雲郎出浴圖》，見傅增湘題句牽涉老夫，一笑付之”。又題一詩回罵傅云，“病起重披出浴圖，知君亦賦小三吾。無端牽涉庸庵叟，一笑狂奴膽氣粗”。傅詩確略覺輕佻，且用“嗤”字多不妥帖，陳遂直斥傅作“狂奴”，豈一笑所能了之者。傅知陳怒事後，具書謝罪並挽伯駒斡旋。傅告伯駒云，“羅癭公曾函其為程豔秋徵詩，（傅）詩引用紫雲事被（羅癭公）退回。今又以紫雲事開罪老上司（陳），何紫雲之不利於余也”。此則趣聞為伯駒記入《春遊瑣談》。

若樸堂主人戲題之云：

> 雲郎土下鬼精靈，不許輕狂寫小星。
> 總長總督詩草率，何知平地弄雷霆。

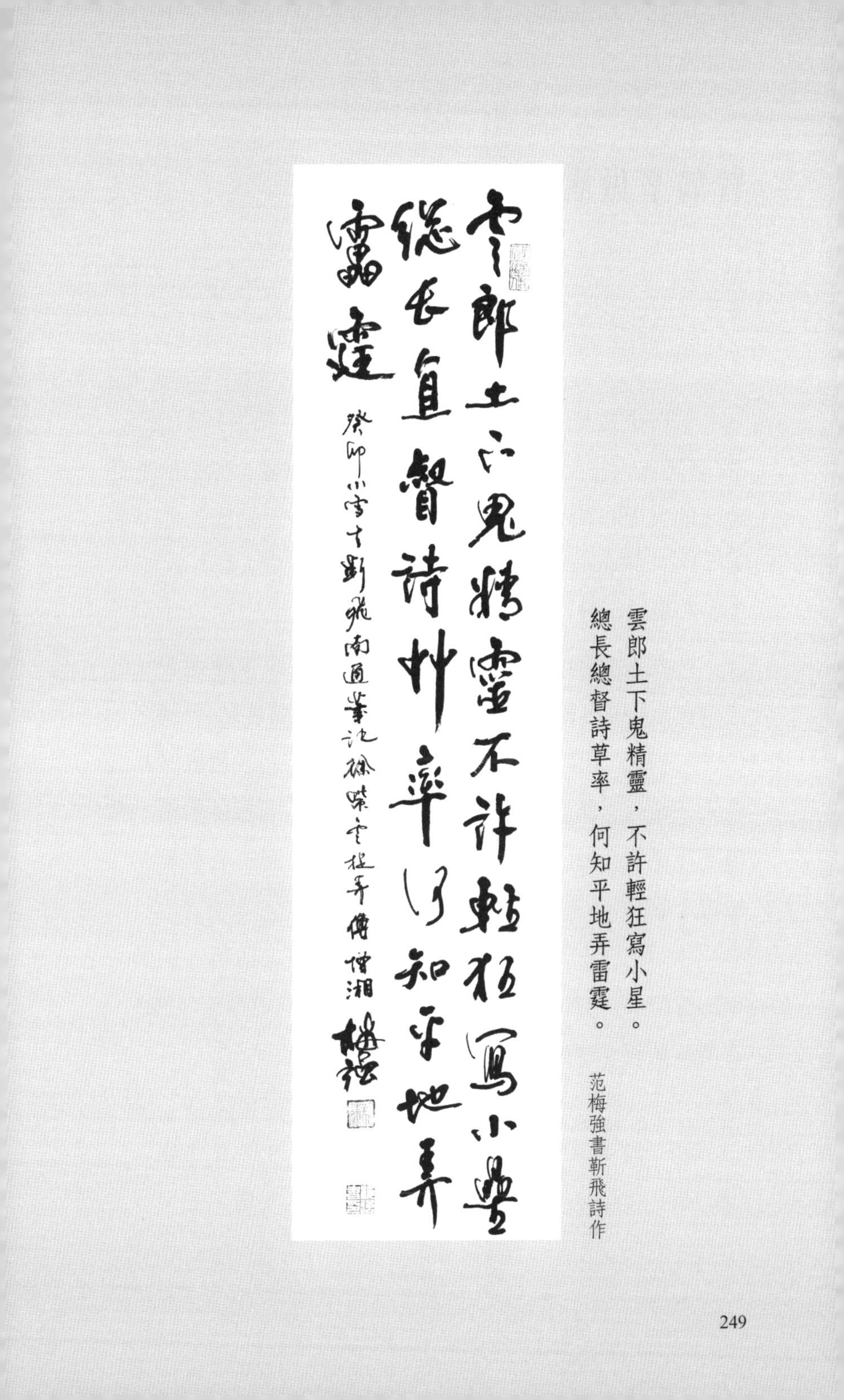

雲郎土下鬼精靈，不許輕狂寫小星。
總長總督詩草率，何知平地弄雷霆。

范梅強書靳飛詩作

冒鶴亭做客中南海

冒鶴亭其人，誠如瞿兑之《悼念冒廣生先生》文所云，“很多老年人提到冒某的名字，總有一種感覺，似乎他不是現代的人而是清代嘉慶、道光年間的人，這是因為他享名太久了，而與他早年相熟的人早已成為歷史人物，在很早出版的書刊中就已經有他的名字出現”。

一九五七年冒鶴亭以八五高齡自滬至京，應陳毅元帥之請在《人民日報》撰文《對目前整風的一點意見》。隨之，《人民日報》記者、傅作義之女傅冬即來訪問並發表《八五老人一席話：訪冒廣生老先生》。不數日，冒接陳毅電，謂得周恩來總理通知，毛澤東主席將與冒會面。毛應是亦久知冒之盛名。

六月三十日晚，毛主席秘書乘車至冒之住所，另備一車為冒所乘，冒偕子舒湮同往。此事見諸《毛澤東年譜》。冒懷蘇編著《冒鶴亭先生年譜》亦有詳記云：

> 時毛主席在游泳池旁一大帳篷內獨自吃晚飯，是為毛主席夏令臨時辦公及休息之處。毛主

席飯後與先生暢談了一小時許，其中話題轉於詩詞方面，談頗融洽。先生謂："詩變為詞，小令衍為長調，不外增、減、攤、破四法。蜀後主孟昶之《玉樓春·冰肌玉骨》是兩首七絕，經蘇軾之增字、增韻而成八十三字之《洞仙歌》。詩詞貴簡煉含蓄。孟昶原作本意已足，東坡好事，未免文字遊戲。"毛接著說："東坡是大家，所以論者不以蹈襲前人為非，如果是別人，後人早指他是文抄公了。"先生對此表示贊同，說："自清以來，詞人提倡填詞需守四聲之做法，我持有異議。宋代是詞學之鼎盛時期，那時還沒有詞譜、詞律和詞韻。我作《四聲鈎沉》，即主張詞體之解放。"毛主席對此似感興趣，說："舊體詩詞格律過嚴，作繭自縛。我一向不主張青年人花了那麼大精力去做。但老一輩的要做就應該做得像樣，不論平仄，不講音韻，還算甚麼格律詩詞。掌握格律，就覺得有自由了。"至此，毛主席另有會議，先生遂辭行，臨行時，先生以《疚齋詞論》《四聲鈎沉》《宋曲章句》三冊贈呈毛主席。時胡喬木在座，兼做記錄。

冒鶴亭則在次日之家信中記云，毛謂冒研究盧梭民權，是“老造反”的，毛是“新造反”的，他同老先生一個路線。冒辭出，毛親送上車，以手遮冒頭，恐其頭碰至車頂。冒登車後作臨別贈言，云：共產黨是獅子，不可自己生蝨。毛問是咬人的蝨子嗎？冒答是。毛拱手稱謝，遂別。

若樸堂主人有詩論之云：

詩詞不外幾增刪，雲繞青山水迴還。
盧梭陸游相繼老，名留禁苑第一間。

詩詞不外幾增刪，雲繞青山水迴還。
盧梭陸游相繼老，名留禁苑第一間。

范梅強書靳飛詩作

張伯駒終身不離《紫雲出浴圖》

陳維崧乞南通畫家陳鵠繪《紫雲出浴圖》，清末為端方所有，袁世凱之第五子袁克權娶端方女，此圖遂至克權處。與袁氏為同鄉並有姻親之誼之張伯駒甚愛之，二十世紀三十年代初以三千元重價強克權相讓。伯駒《叢碧書畫錄》著錄是圖云："紙本，著色。像可三寸許，著水碧衫，支頤坐石上，右置洞簫一。髮鬖鬖然，臉際輕紅，凝睇若有所思。卷中及卷後題詠，自張綱孫、陳維岳、吳兆寬、冒襄、王士祿、王士禛、崔華、尤桐、毛奇齡、宋犖等七十四人，詩一百五十三首，詞一首。清末以後題者不計。是圖蓋寫陳其年（陳維崧）眷冒辟疆家伶徐九青（紫雲）故事之一，在當時已膾炙人口。雍正間圖為吳青原所得，乾隆間有一摹本，為羅兩峰（羅聘）畫，陳曼生手錄題詠。清末是圖歸端方，摹本迄未發現。"

伯駒既得是圖，又邀陳夔龍、夏敬觀、冒鶴亭、傅增湘、夏仁虎，傅治薌、夏孫桐、關賡麟諸氏題詠，續三百年風流。伯駒亦題句"何緣粉本歸三影，只有蓮花似六郎"，前句用宋張先號張三影典，後句則用唐張昌宗典，二典皆張姓，亦伯駒之自詡也；下鈐明刻牙章，篆“六郎私記”。伯駒以藏《平復帖》《遊春圖》名世，其暮年自云，“余所藏書畫盡煙雲散，惟此圖尚與身並，未忍以讓”。伯駒身後是圖歸於旅順博物館，該館研究員房學惠另有長文著錄。

予友名畫家閩人林躍平君見是圖照片狂喜難禁，欲摹寫之，以不工詩故，屬予潤色，若樸堂主人乃改其原作云：

支頤或以畏風寒，度曲玉簫和淚殘。
小三吾真圖畫地，後來到此須憑欄。

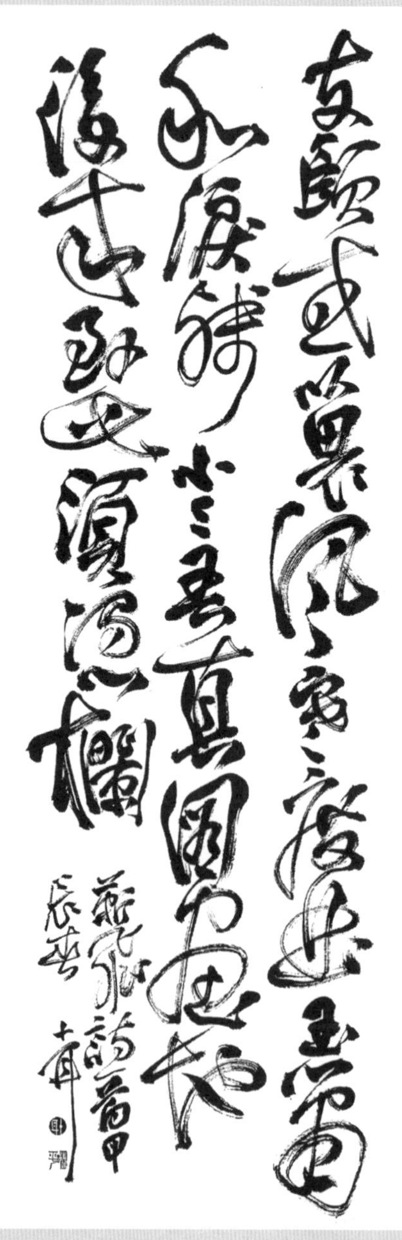

林躍平書靳飛詩作

支頤或以畏風寒，度曲玉簫和淚殘。
小三吾真圖畫地，後來到此須憑欄。

【附】

贈陳鵠

［明末清初］范國祿

疇昔南遊寓白門，大開畫社鳴鳩亭。
鄭重山水兼人物，許儀花卉稱絕倫。
其時名士數十輩，盡皆折節相服膺。
至今圖冊尚什襲，近來作者資傳聞。
丹青妙藝非兒戲，葆有精靈見真際。
天地名物在其中，前無千年後百世。
陳君陳君爾獨擅，我嘗與爾親筆硯。
愛爾生平盡美善，造詣於今特奇變。
眼花未落腕力強，愁窮聊可藉徜徉。
更向此中一遊衍，功成名立將未央。
君不見許儀、鄭重在當時，翰苑題名似爾遲。
好待徵書下黃閣，看爾凌煙大總持。

參考書目

- 《嘯亭雜錄》，（清）昭槤撰，何英芳點校，中華書局 1980 年 12 月版。
- 《池北偶談》，（清）王士禛撰，靳斯仁點校，中華書局 1982 年 1 月版。
- 《岳飛傳（增訂本）》，鄧廣銘著，人民出版社 1983 年 6 月版。
- 《林琴南文集》，林琴南著，中國書店 1985 年 3 月版。
- 《掃葉集》，舒諲著，生活 · 讀書 · 新知三聯書店 1987 年 12 月版。
- 《清代燕都梨園史料（正續編）》，張次溪編纂，中國戲劇出版社 1988 年 12 月版。
- 《吳梅村全集》，李學穎集評標校，上海古籍出版社 1990 年 12 月版。
- 《冒鶴亭先生年譜》，冒懷蘇編著，學林出版社 1998 年 5 月版。
- 《孤月此心明》，舒諲著，百花文藝出版社 1999 年 4 月版。
- 《板橋雜記（外一種）》，（清）余懷著，李金堂校註，上海古籍出版社 2000 年 12 月版。

- 《南通范氏詩文世家·范國佑、范國祿卷》，范曾編，河北教育出版社 2004 年 7 月版。
- 《風流道學：李漁傳》，萬晴川著，浙江人民出版社 2005 年 7 月版。
- 《明史講義》，孟森著，中華書局 2006 年 4 月版。
- 《北中國紀行·清國漫遊志》，（日）曾根俊虎著，范建明譯，中華書局 2007 年 1 月版。
- 《鄭板橋年譜》，党明放著，首都師範大學出版社 2009 年 7 月版。
- 《陳維崧集》，（清）陳維崧著，陳振鵬標點，李學穎校補，上海古籍出版社 2010 年 12 月版。
- 《王士禛詩選譯》，王小舒、陳廣澧譯註，人民文學出版社 2011 年 5 月版。
- 《志頤堂詩文集》，沙元炳著，如皋高等師範學校點校工作組點校，內部發行，2012 年 10 月。
- 《南通張季直先生傳記》，張孝若著，張謇研究中心重印，內部發行，2014 年 1 月。
- 《自我演戲以來》，歐陽予倩著，上海三聯書店 2014 年 8 月版。
- 《龔鼎孳全集》，孫克強、裴喆編輯校點，人民文學出版社 2014 年 11 月版。
- 《冒辟疆全集》，冒辟疆著輯，萬久富、丁富生主編，鳳凰出版社 2014 年 12 月版。

- 《張謇詩集》，張謇著，徐乃為校點，上海古籍出版社 2014 年 12 月版。
- 《趙尊嶽集》，趙尊嶽著，陳水雲、黎曉蓮整理，鳳凰出版社 2016 年 9 月版。
- 《桃花扇》，（清）孔尚任著，謝雍君、朱方遒評註，中華書局 2016 年 11 月版。
- 《鄧漢儀集校箋》，鄧漢儀著，王卓華校箋，人民文學出版社 2019 年 12 月版。
- 《張謇與近代百位名人》，莊安正著，中國環境出版集團 2020 年 7 月版。
- 《陳維崧年譜》，周絢隆著，復旦大學出版社 2021 年 1 月版。
- 《宣南鴻雪圖志》，王世仁主編，中國建築工業出版社 1997 年 8 月版。
- 《萬曆〈通州志〉（點校本）》，（明）林雲程主修、（明）沈明臣纂，南通市地方志編纂委員會辦公室整理，南京出版社 2023 年 4 月版。

紀年對照表

唐

龍朔二年	662 年
垂拱四年	688 年
神龍元年	705 年
景龍二年	708 年
景龍四年	710 年
天寶二年	743 年
天寶七年	748 年
天寶十年	751 年
天寶十二年	753 年

五代

天福五年	940 年
顯德五年	958 年

南宋

建炎四年	1130 年
慶元元年	1195 年

元

至元十四年	1277 年
至元十五年	1278 年

明

弘治十年	1497 年
嘉靖十六年	1537 年
嘉靖四十四年	1565 年
萬曆三年	1575 年
萬曆七年	1579 年
萬曆八年	1580 年
萬曆十三年	1585 年
萬曆十七年	1589 年
萬曆二十年	1592 年
萬曆二十三年	1595 年
萬曆二十四年	1596 年
萬曆三十九年	1611 年
萬曆四十五年	1617 年

萬曆四十八年　1620 年
天啟二年　1622 年
天啟四年　1624 年
崇禎元年　1628 年
崇禎六年　1633 年
崇禎十三年　1640 年
崇禎十五年　1642 年
崇禎十六年　1643 年
崇禎十七年　1644 年

清

順治元年　1644 年
順治三年　1646 年
順治四年　1647 年
順治八年　1651 年
順治十五年　1658 年
順治十六年　1659 年
順治十七年　1660 年
順治十八年　1661 年
康熙二年　1663 年
康熙七年　1668 年
康熙八年　1669 年
康熙九年　1670 年
康熙十年　1671 年
康熙十二年　1673 年
康熙十三年　1674 年
康熙十八年　1679 年
康熙十九年　1680 年
康熙二十年　1681 年
康熙二十二年　1683 年
康熙二十三年　1684 年
康熙二十八年　1689 年
康熙三十五年　1696 年
康熙三十八年　1699 年
康熙六十一年　1722 年
雍正二年　1724 年
雍正七年　1729 年
乾隆七年　1742 年
乾隆二十五年　1760 年
乾隆二十六年　1761 年
乾隆二十七年　1762 年
乾隆四十五年　1780 年
咸豐三年　1853 年
同治五年　1866 年
同治十年　1871 年
光緒元年　1875 年
光緒五年　1879 年
光緒十五年　1889 年
光緒二十年　1894 年
光緒二十三年　1897 年
宣統元年　1909 年
宣統三年　1911 年

附錄

冒辟疆：中華文明在明末清初的重要傳承者

靳飛

中華文明突出特性之一是中華文明的連續性，這種連續性本身就是中華各民族在數千年融合會通的歷史長河中所共同創造和不斷鞏固的燦爛文明成果。出身蒙古族的“明末四公子”之一冒辟疆，挺身屹立於明末清初大動蕩時代，超越狹隘的族別差異，竭其所能，傾其所有，踐行中華文明共同價值觀，成為中華文明的守護者和重要傳承者，其傳奇人生恰是此種文明之真實生動的寫照。

冒辟疆名襄，字辟疆，號巢民，又號樸庵、樸巢，私謚潛孝先生。冒氏的先祖，一說為元代鎮南王脫歡之後，一說為元末中書右丞相脫脫之後，原姓篾兒吉得氏。元明政權交替之際，冒姓始祖冒致中以薦舉儒術而得官兩淮鹽運司丞，分巡豐利諸鹽場；其為避戰火而率家族隱居海濱偏遠之鄉，即今南通如皋，改以冒姓，勤勉耕讀，與世無爭。約至明代中期，冒氏通過科舉考試再度發跡，初有名冒政者考取進士，官至巡撫，其後在科考中勝出者絡繹不絕。

冒辟疆生於明萬曆三十九年辛亥三月，即公元一六一一年，祖父冒夢齡以選貢任職會昌、酆都知縣，升南寧知州；父親起宗為崇禎元年即公元一六二八年進士，授職吏部，後調外官，任按察副使。冒辟疆自兩歲時依祖父母生活，由祖父親自教導，十歲能詩，幼有才名，曾得到大名士董其昌的讚譽，只是辟疆不擅八股文章，僅於崇禎十五年即公元一六四二年獲鄉試副榜。他也是在這一年的中秋，迎娶名列“秦淮八豔”的董小宛為副室。年輕氣盛，才氣縱橫的冒辟疆喜得添香紅袖，更添豪邁。可是明末混亂政局無法為冒辟疆提供施展抱負的機會，他與志趣相投、境遇相近的桐城方以智，商丘侯朝宗，紹興陳貞慧結伴，頻發激昂悲狂之辭，引導輿論，名動天下，時人以“四公子”稱之。明亡後弘光帝在南京建立南明政權，卻為權臣把持，庸碌無能。冒辟疆等抨擊當政，因言罹禍，陳貞慧被羈押入獄，辟疆則以獲訊及時逃返如皋，免遭劫難。

冒辟疆雖然平安返回如皋，如皋並不寧靜。一面是時有零星戰事，一面是接連幾件“要案”，事涉冒氏親友。清順治八年即公元一六五一年，愛姬董小宛年僅二十八歲病歿，冒氏既懷深切亡國之痛，又遭突來喪偶之悲，情緒至為抑鬱低落。他以明遺民自居，義不仕清，居家奉養雙親。

不過，冒辟疆事實上並非賦閒如皋，而是仍在努力為社會盡責，服務鄉梓。他在如皋的工作可以歸納為兩大類，即社會救助與文化保存。

社會救助方面，冒辟疆基於自己對於忠信仁義等中華文明共同價值觀的認同，儘管身處亂世，敢於急公好義，扶危濟困。冒氏與如皋另一望族李氏為姻親，辟疆姊嫁南明禮部侍郎李之椿之姪李鼎為妻。李氏被告發與南明監國魯王密議起事，全族捕至南京，死難者約五十人。冒辟疆不畏嫌疑，四方奔走，終將其姊一家救出，且接至冒家撫養，為李氏一族留下血脈。又有如皋義士許某，於兩臂刺字"生為明人，死為明鬼"，為人密告官府，許某被斬，許妻發配。冒辟疆憐許某忠義之心，暗中出資相助許妻，其做法令負責解送許妻的解差夫婦感動，解差妻竟以身代許妻流放。冒辟疆獲知真情後又以重金將解差妻贖回，並將解差夫婦及許妻迎養家中。

清順治末至康熙初年，天下初定，清廷意識到大一統文明的重要性，開始認同自己為中華文明的繼承者，地方官員隨之積極推行仁政，注重安撫百姓。冒辟疆與清廷的對立關係因此有所化解。在如皋及周邊發生大旱和大疫時，冒氏肯於與地方政府合作救災。旱災期間，冒氏親訂賑濟方案，"條法甚具，全活無算，不足，自鬻產，出簪珥繼之"。疫情之中，冒氏每日在外操持，不幸染病，險些身亡。

冒辟疆在家鄉做出的貢獻贏得官民一致敬仰。康熙八年即公元一六六九年，清廷親貴諾邁以八旗參領升任江南狼山總兵官，轄南通一帶軍務民政，治所在今崇川區。諾邁在任十年，興革利弊，禮賢下士，對冒辟疆極盡尊重，每年均到如皋登門看望；冒辟疆亦多次到訪總兵衙門，諾邁必盛情款待，“肆筵設樂鈴閣之下，縣（懸）榻以須，留連信宿，必極歡而後罷”。冒辟疆親眼目睹在諾邁治理下，南通社會重歸安定，百貨輻集，經貿發展，同時也有感於諾邁的厚誼，其心中之遺民情結漸能釋懷，心態竟為之一變。諾邁自狼山總兵升福建提督，冒辟疆親撰《五狼督府鎮台公德政序》送別，文章開篇即云，“國家龍興遼左”，公開表示了對清政權的承認。

冒辟疆的另一項工作是致力於文化保存。首先，冒氏一生文事不輟，是文學家、書法家、戲劇家，卓有成就。其懷念董小宛所著《影梅庵憶語》，堪稱清初散文的高峰之作，最近北方崑曲劇院還將之改編成劇，搬演於舞台，足證其作品所具之生命力。

其次，冒辟疆獨力把如皋建設成為清初文化重鎮。《左傳》有“昔賈大夫惡，娶妻而美，三年不言不笑，御以如皋，射雉，獲之，其妻始笑而言”，此處之“如皋”，如是前往之意，皋是水抑或是湖泊、沼澤，原與如皋城市無關。但是，自冒辟疆返皋定居，《左傳》舊典有了新意，一是冒氏果然載得美人歸，二是如“如皋”，到如皋去會冒辟疆，竟成文壇一時風氣。冒氏起初以其宅為文化活動場所，後又興建水繪園為雅集之地，聚集起如皋（含今之如東縣）、崇川，泰州的文人墨客，吟詩填詞，作文作賦，詩酒唱和，互資切磋，形成文化社團。冒辟疆如孟嘗君般，為眾人提供飲食住宿，將眾人作品編輯成集，刻印流傳。參加這一群體者達數十人之多，其中既有八旬高齡的詩人、篆刻家邵潛，也有編輯《詩觀》的名士鄧漢儀，鄧詩《題息夫人廟》句，“千古艱難惟一死，傷心豈獨息夫人”，後為高鶚續寫《紅樓夢》時在最後一回中引用。更多參加者是年輕詩人，冒辟疆長子及次子、外甥李生及同鄉晚輩，最著名者是“四公子”之陳貞慧之子陳維崧。陳貞慧早逝，家境窮窘，冒辟疆愛惜維崧才華，接至冒宅生活十年之久，對其縱容溺愛遠過於對冒氏子姪。陳維崧得冒氏提攜幫襯，度過人生難關，被文學史認定是清初詞人代表。文學史的不公之處，冒辟疆為中心的文化社團，是事實存在的“如皋詩派”，他們在明清易代的動盪環境中堅持創作，傳承文化，取得可觀的文學成就，記錄了那個特殊時代的心靈史，應該得到文學史的承認。

冒辟疆的文化社團，影響波及蘇州、揚州、南京、北京，引起各地文化界的關注，名流顯宦，接踵而來，乃至水繪園中“招致無虛日，館餐惟恐不及”，水繪園成為士人心目中的精神家園。用時下的表述法，冒辟疆及水繪園是昔之如皋今之南通，在全國極具知名度的城市文化名片。

冒辟疆在戲劇領域的貢獻也是突出的。中國崑劇藝術源起蘇州崑山，明中期盛行北京，從而流傳大江南北，領袖劇壇近三百年，二〇〇一年被聯合國教科文組織列為首批“人類口頭和非物質遺產代表作”。崑劇能夠作為具有世界意義的中華文明精神標識，是數百年間藝術家的薪火相傳，以及社會各界極盡維護的結果。在明末的戰亂中，方興未艾的崑劇突遇前所未有的沉重打擊，形勢尤其嚴峻。冒辟疆在如皋成立冒氏家班，收留南京流散的老藝術家教習崑劇，自己也親身參與指導和排演，培養了至少兩代年輕演員。陸萼庭著《崑劇演出史稿》稱：

（冒氏家班）班裏的演員，前期有徐紫雲、楊枝、陳靈雛、秦簫等，就中以徐紫雲享譽最高。紫雲字九青，揚州人，工演《邯鄲夢》。相傳紫雲善歌，楊枝善舞，秦簫吐音激越，能度北曲。靈雛的父親陳九，是梨園前輩，也是冒氏家班的教師。後期有金菊、金二菊、徐雛。

清初崑劇復興，初有吳偉業為之作《王郎曲》的王紫稼重返宗師引起轟動，旋即返回蘇州，且竟被地方官員論罪處死。康熙七年即公元一六六八年，冒氏家班的徐紫雲進京，再次掀起崑劇熱潮，誠如張次溪所論：

當康熙戊申，雲郎（徐紫雲）年才二十有五，隨陳其年（陳維崧）入都，日下勝流，震其聲名，爭欲一聆佳奏。南腔北播，菊部歌兒多摹其音，於是京邑劇風為之一變。

因徐紫雲而帶動的北京“崑劇熱”是崑劇史上的標誌性事件，此後《長生殿》、《桃花扇》諸名劇問世，崑劇遂得繼盛於清。據史料稱，孔尚任寫作《桃花扇》曾請教冒辟疆，又從與冒辟疆交厚的鄧漢儀處聽到鄧轉述的冒氏相關回憶，《桃花扇》裏《偵戲》一摺，基本是史實。

冒辟疆樂善好施，仗義疏財，熱情好客，建設文化，耗資甚巨，暮年生計困難，賴家班外出演出聊作收入，更以高齡鬻字補貼日用。辟疆八旬致書友人云：

> 家生十餘童子，親教歌曲成班，供人劇飲，歲可得一二百金，謀食款客。今歲儉，少宴會，經年坐食，主僕俱入枯魚之肆矣。

康熙三十三年十二月，即公元一六九四年，冒辟疆以八十三歲高齡在如皋病逝，“故舊親黨以至閭巷老穉男女咸哭泣失聲”。康熙十一年的狀元韓菼撰寫的《冒潛孝先生墓誌銘》說，“蓋先生歿，而東南故老遺民之風流餘韻，於是乎歇絕矣”。冒辟疆之逝，在當時或確是一個文化時代落幕的象徵；然而冒辟疆全身心融入中華民族大家庭，堅守中華文明道德操守，不計代價賡續中華文脈，其文化精神，正如陳寅恪輓王國維之所謂，“歷千萬祀，與天壤而同久，共三光而永光”。

南通人文風情八記

陳俊

前些年常陪來客視察濠河生態。船過沈繡館近長橋，講解的準會岔出“長橋不長、狼山沒狼、觀音山無山”話題，謂之“南通三大怪”。每每聞之，頗覺寡味！我偶爾戲對：此三者不盡言也，還未告訴我南大街不大段家壩無壩桃塢路無桃呢？！這等表述，有意義嗎？！

邂逅一座城，並把她留在記憶深處，在於其是否具有獨特之人文個性。歷史文化悠久、城市風光旖旎、發展活力充沛、精神風貌煥然，皆可成城市獨特魅力！出差或出遊一地，常為當地迷人風景、民俗風情所陶醉。及久，那些留存印記便會逐漸模糊，甚或彼此混淆、張冠李戴！然一些地方通俗易懂、詼諧幽默的“怪文化”，諸如雲南“十八怪”、陝西“八大怪”、東北“三大怪”之類，卻能長存腦際，歷久彌新。

“怪”即與眾不同，且是大不同。俗語云“十里不同風，百里不同俗”，不同之處甚多，不可盡數納入。因此，提煉之“怪”，須有根底、藏詼諧、顯文化、耐尋味！

“怪”與“特”相類。城市個性未必皆“怪”，更多體現為“特”，且常為“怪”中有“特”，“特”中有“怪”。我這裏想作一梳理，歸納江海之城之特有人文風情，切一小口，管窺其中，得之大體，羅列以下八條，為“江海人文風情八記”。

一曰“右窗聽江左望海”。

南通形同半島，其右依傍萬里長江，左則與浩瀚大海相擁。南通之半島，並非自古有之。宋王安石詠“遨遊半是江湖裏，始覺今朝眼界開”之時，胡逗洲與西北如皋大陸連接不過百餘年，包括其後近千年，南通境域處沙洲時代，成形不定。世界上兼得既靠大江又依大海之利的城市可謂少之又少，在國內有著同等江海優勢的另一城，便是與南通隔江相望的國際大都市上海。江海之交是颱風“厚愛”有加、長江大汛年年“光顧”之地。但此地卻大汛不淹，大雨不澇，風調雨順，五穀豐登，生態宜居。沐浴江風海韻，南通人骨子裏透著一種海納百川、勇立潮頭的個性品質，“包容會通，敢為人先”便是江海大地孕育的城市性格。

二曰“古今相望六千載”。

同一片土地，上追六千載、下接數十年者，極為罕見。南通便是既古老又年輕的城市。說古老，二十世紀七十年代在海安發現的青墩遺址，被考古界譽為江蘇“河姆渡”，表明至少在距今五六千年之前南通西北境即已成陸，並已成為人類聚居活動之地。青墩村乃新石器時代遺址，其文化堆積屬於良渚文化範疇。說年輕，南通東境最早成陸不過千年，通州、海門、啟東一些地方沙洲並岸至清末民初仍在進行，沿海一些鄉村幾十年前還是汪洋一片。古老代表滄桑和成熟，年輕書寫激情與活力。時空兩極有這樣巨大落差的地方實在是寥寥無幾。

三曰“五山雄奇守要隘”。

南通為長江沖積平原，全境沃野遼闊，一馬平川。萬里長江流經此處，被幾座小山所擋，形成一不大不小折彎。奇特之處在於，八千平方公里的江海大地，僅此一處以聞名天下的狼五山峙立江左，再也找不到即便可以勉強被稱為山丘的第二處所在。五山不高，因處平原，卻顯雄奇。五山中唯狼山、軍山略過百米，餘劍山、馬鞍山、黃泥山只數十米高不等，依江呈弧形排列。也許是“物以稀為貴”，這五座山如果放到別處群山之地也許連名字都沒有，但在這裏卻“風光無限”。狼山被譽為“江海第一山”，乃全國八小佛山之一，是大勢至菩薩的道場，香客歷千年之盛，遍大江南北。鮮為人知的是，歷史上狼山炮台與對岸福山炮台相對，鎮守江口，而長江“狼、福以上三百里，並無險隘”，可見其海防軍事要津的地位。

四曰“土地也能長出來”。

都說“土地是不可再生資源”，但大自然給予南通一份特殊恩賜。南通有沿海灘塗三百萬畝，全市每年新增灘塗面積近萬畝，其中每年都有一部分自然成陸，“長出”一大片土地。實際上，南通本身就是在一兩千年中慢慢“長”出來的。南通位於江海交匯之處，長江之水從上游夾帶大量泥沙不斷沉積江口，向東鋪開。秦時，今南通地區東南部皆為水域。漢代以後至北宋中期，曾陸續有扶海洲、胡逗洲、東布洲等沙洲與大陸連接。清朝末年，又有一批沙洲連上大陸，逐步形成今天的南通地貌。

五曰“生猛時鮮家常菜”。

時下“長江十年禁漁”，每年也有數月“海洋禁漁期”。在“江禁”“海禁”期間，南通人與江海時鮮暫時“作別”。但除了這些特殊時段，南通人卻極有口福，一桌菜便可同時盡享剛剛出水的海鮮、江鮮和河鮮。南通近海魚類品類繁多，達一百三十多種。黃海四鮮鯧魚、帶魚、黃魚、海蜇更是外地來通客人不可不嚐的美味佳餚。由於長江由此入海，特殊的區域生態加之養分充足，長江口魚類資源極為豐富。曾經的長江四鮮鰣魚、魛魚、鮰魚和河豚是長江下游獨有的極品珍饈。對於外地人來說比較稀罕的生猛時鮮，卻是南通尋常百姓的家常菜。值得一提的是，“長江十年禁漁”數年，長江魚類資源顯著恢復，一些瀕臨滅絕魚類重現“江湖”。

六曰“百歲壽星能劈柴”。

南通是聞名遐邇的長壽之鄉，百歲以上老人已多年保持一千兩百人以上，且百歲“後備軍”規模日益壯大。二〇一四年，南通被國際自然醫學會授予全國首個“世界長壽之都”稱號。世界上聞名的長壽之鄉不是在高寒地帶，就是在偏僻山區。南通的特別之處在於，她既地處我國沿海發達地區，又是處於平原地區唯一的長壽之鄉，這在國際上是極為罕見的。根據專家介紹，長壽之鄉一般都是富硒區（即土壤中硒含量比較豐富的地區）。南通地處長江入海口，土壤中富含人體必需的微量元素。據專家監測，南通土壤中硒、鋅、碘的含量明顯高於其他地區，但又恰到好處。這裏的長壽者以多代同堂者居多，大多粗茶淡飯，心情開朗，勞作適量。

七曰“老鄉聊天全靠猜”。

恐怕很少有這樣的地方，同在一個城市範圍內居住，講話的口音卻是天壤之別，相互照面就像遇上“老外”，嘰裏呱啦，不知所云，基本靠猜。從大類分，南通有四大方言區，南通東部（通州、海門和啟東大部）是吳方言片區，又稱“啟海話”“沙地話”，與崇明話一致，與滬、蘇、杭等為代表的太湖片吳語區發音相通、關聯緊密；南通北部（海安、如皋和如東三縣市）是江淮官話方言片區，與楊、泰、鹽等地發音相近；南通市區及周邊的“南通話”可謂是典型的語言“孤島”，與吳方言和江淮官話片區發音毫不相干；通州區東北部、海門北部及啟東北部是通東方言片區，又稱“通東話”“四甲話”“呂四話”。這四大方言之間語言幾無瓜葛，若無跨區語言交流基礎，相互對話必須藉助於第三方語言（普通話）方可溝通。雖說“十里不同音”，但像南通這樣一個不大的區域內相互之間會出現溝通障礙的，極為罕見。

八曰“哨口交響雲天外”。

風箏之風格流派以京、津、濰、通四大產地最具代表性。在曹雪芹所著《南鷂北鳶考工志》所涉“南鷂”一派，現今只南通板鷂為其代表。南通風箏與北方三地不同之處，乃南通風箏集音樂、美術、雕刻於一體，尤以獨有的音響效果而獨成一派，風箏上綴滿了大小不一哨口，形狀以平板六角或六角之變形“七連星”至“十九連星”居多，一般大小都在一米以上，最大者豎起有四五米高，需卡車運載。升空後大中小哨口分別發出低中高音，五音和諧，悅耳動人，聲及數里，婉似“空中交響樂”，成為江海大地一道獨特風景。

如上只是選取幾個特別的視角，擷取江海特色人文風情中比較耐人尋味的幾條，不免掛一漏萬。而偏偏掛“一”，方可顯出江海人文風情的特色和“怪”味來！

右窗聽江左望海，古今相望六千載。

五山雄奇守要隘，土地也能長出來。

生猛時鮮家常菜，百歲壽星能劈柴。

老鄉聊天全靠猜，哨口交響雲天外。

細數靳飛《南通筆記》的四個特色

蔣豐

靳飛，如今名聲日高。有人說他不合潮流，將其稱為“京城最後的遺少”，我作為與他相識相交三十多年的好友，不敢細究他到底是“前清”的遺少，還是挪到台灣的“民國”的遺少，反而覺得他從事的文業，正好是為當今主旋律下的文化復興做的一些他人難以做到的事情。我既不能夠給他頒獎，也不能夠給他授勳，也就不在這裏細說他近年來在文化方面所傾注的那番獨到的努力。都說，“千年的文字會說話”。我想，未來也許會有更翔實的文字來記敘他在這樣一個特殊的時代所從事的文業，以及這項文業給歷史留下的功業。

二〇二四年五月十六日，我出差後從中國北京返回日本東京。次日進入辦公室，便看到靳飛從日本京都家中寄來的新作《南通筆記》（北京出版社，二〇二四年五月第一版）。靳飛近年來似乎偏愛“筆記體”寫作，此前曾把他的《張伯駒筆記》（文津出版社，二〇二一年九月第一版）、《馮耿光筆記》（北京出版集團，二〇二二年十二月第一版）寄送給我。有人說“筆記體是成年人甚至老年人的文體”，我看靳飛那活蹦亂跳的樣子，絲毫不呈“老態”，由此想起呂叔湘先生曾給青年編輯過一本《筆記文選讀》（多家出版社都出版過此書）。此後，我順手從“樂豐齋”書架上抽出一本榮孟源先生的《歷史筆記》（中國社會科學出版社，一九八三年四月第一版），看到榮先生在裏面說：“為了教書和編書，不能不閱讀歷史書籍和歷史資料，不得不思考歷史問題和史料問題；防備遺忘，不能不隨時筆記。”在粘粘貼貼的網絡時代，靳飛還能夠堅持“筆記體”寫作，無疑是想用自己搜集的歷史碎片，堅持“反潮流”，做一種文化的薪火傳承。

在我看來，《南通筆記》的特色之一是“京範兒說南通”。靳飛用他那濃郁的“老北京”的口吻、細緻的“老北京”的筆觸、獨到的“老北京”的視角，看似漫無邊際、實則有的放矢地敘說著江蘇南通的“古今多少事”。近些年來，“京範兒”作品烏泱烏泱地出版，遺憾的是內容大多集中在“老北京”的吃穿住行上面，看似充滿皇城根兒的人間煙火，實際上尚嫌偏窄，感覺像是坐井觀天，缺少“京派文化”的大度與包容。作為曾是北京“胡同串子”的我，倒是希望今後這種“京範兒說他方”“京範兒說中華”，甚至“京範兒說世界”的作品能夠越來越多。

在我看來，《南通筆記》的特色之二是“雜而有序”。說它“雜”，是因為書中內容涉及歷史、地理、經濟、文學等方方面面，缺乏歷史“通識”的人，讀起來可能會感到有些吃力的。在文字方面，看起來是文白相間，時而感到有些晦澀。當然，一些號稱“雜貨鋪子”的讀者，得到的絕對不會是“開卷有益”般的收獲。說它有“序”，那就是篇篇都是“以南通為中心”展開，讓人一方面可以看到南通發展的歷史脈絡，另一方面驚歎“南通竟然如此地博大精深”。寫歷史，中國自古以來有“紀傳體”——以人物為中心，有“編年體”——以時間為中心，有“紀事本末體”——以事件為中心，靳飛偏偏劍走偏鋒，用那《世說新語》般的“筆記體”來進行表述，展現“別樣的南通”。

在我看來，《南通筆記》的特色之三是“刨根問底”。細讀此書的文章，用文雅的方式說，具有“乾嘉考據”之風，在敘述一個事件、一個人物的時候，都會做一番歷史的考證，讓人感到立得住、能傳世；用通俗的方式說，具有“京範兒”的“刨根問底”，必須從根兒上倒騰清楚，把箱子底的“掌故”都晾了出來。用現代網絡語言說，就是敢於“八卦”歷史名人，有時候把底褲也要往下拽一拽的。有的文章，比如《張伯駒終身不離〈紫雲出浴圖〉》，讀後讓人心跳、臉紅的。

在我看來，《南通筆記》的特色之四，是幾乎每篇文章之後都有靳飛自作的一首詩詞，其間還有他的朋友錄寫的書法、繪畫作品，給此書平添幾分書卷氣。

最後，我感覺應該感謝北京出版集團（北京出版社），能夠出版這樣話說京城以外的作品，能夠出版這樣融文、詩、書、畫於一體的書籍。這樣的文集，在當今是“多乎哉，不多也”。

詩人慧心為南通畫像

樊國賓

靳飛兄很忙，但忙的那些事務有點不合時宜，總讓我覺著他是個賈寶玉式的"無事忙"——不像我們這些人忙著掙錢，他是忙著打攢蛋，忙著玩古董，忙著呼朋喚友，忙著談古論今……好整以暇，玩玩努努，四個月內竟出版了《你們屬於我的城市》《南通筆記》兩本散文集。一口氣讀罷，被書中那番源於閒暇和驚異的美妙心意深深迷住了。

一般的筆記類讀物，即使語出大家，也因為作者個人專業的緣故，容易囿於一定的專業範疇。《南通筆記》拿到手就讓人讚歎作者知識範疇的廣博，真的是博古通今，以文史為主，但人文社科無所不包，絕不是精耕一畝三分地的現代專家。大概因為靳飛有一點自矜的閱歷優勢，他對風物掌故的敏銳和品鑒往往過於常人；又因為身兼學人與文人的雙重身份，他吞吐評議南通這座文化名城的時候，便帶著強烈的私人性與名士範兒。靳飛品藻南通人物，絕不做知識的搬運工，而是著力於吞吐發散，神遊古今縱橫捭闔，高度凝練，想人所未想，發人所未發，筆墨極簡，氣象萬千。

以南通建制開論，從大和尚鑒真勾連到狼山廣教寺，又順流而下談至岳飛王世貞顧養謙，更不必說李笠翁冒辟疆鄭板橋張謇，鉤沉那些家國天下歷史大人物的種種意趣，每篇末吟歎律詩一首，汪洋恣肆一氣呵成，令人醍醐灌頂大呼過癮！一個人涉獵多並不稀罕，在信息時代的今天，任何知識信息都是不難搜集的。堪稱珍貴的，是那些原創性的價值判斷和美妙心意。若非有一個包羅萬象的頭腦心靈，是吞吐不出來這些史料的。好的點評議論是一種共舞，最怕冬烘與淺陋。靳飛的高明之處不僅在於讀書廣博，更在於精彩紛呈的議論升華了思想格局。此書不是一文一事的補白，而是“天女散花”式的集束闡發，任天而動，觸事興感，見微知著，因文為題，縱談古今，紆徐不迫，講論自樂；有細密處，有奔放處，豁朗深邃，不拘一格，極具創造性和生命力。

看到如此談笑風生的隨筆，任何一個文人或學人都會心驚。心驚之餘是羨慕，多麼自由多麼任性的閱讀和品評啊！關切什麼見高低，怎麼關切更見功力。讀史讀出書籍之外的許多東西，那才是閱史的上品。真正的知識精英，應該是一個類似於“文化把關人”的角色。關於南通的知識是海量的，但文化把關人起的是一個過濾精簡、淘沙瀝金的作用。靳飛的知識儲備太大，潛文本太多，用典也多，識巨而才大，以氣骨勝，而不是精雕細琢的專家功夫。藉由靳飛的專業眼光與個人趣味，藉由靳飛的吞吐吸納與再生產，南通這座名城的文化畫像訇然托出，一秒破功，也一秒封神。

文字的性情肌理是品味靳飛作品的一個重要向度。寫作跟書法繪畫等所有的藝術一樣，不能太精緻。太流於技術層面就是器宇狹小了。靳飛的路數是老吏斷案入木三分，同時情感濃摯，深思洞見，豐沛淋漓，發人所未發。其風格雄健清勁，風流蘊藉，更有少年心氣。《南通筆記》褪去了靳飛早年散文的漫漶感傷，風格一轉變得老辣通達，言論縱橫，堪稱踔厲奮發之作。愛這本書的，必得是中年，必得是同類。凡是看懂的，必是心悅誠服。古雅處真是古雅，放達處真是放達。縱橫千古之論，真正的氣勢如虹，有一股蕩滌心胸的氣魄與魅力！其實靳飛文字雄健之下的沉鬱，佯謬之中的疏狂，也大有文體意義。少年英蕤氣息未褪，又生老辣疏狂盛年曠達之感。這當然與靳飛的才情底色相關，也與這兩本書的私人性相關。

私人筆記的初心並不是公之於世，所以更見性情功力。王德威評錢鍾書，說在歷史最核心的關鍵處，需要一顆詩心。只有一顆詩人的慧心，才能讓歷史敘事的起承轉合別開生面，才能夠產生意義，才能夠讓野蠻的、紛亂不堪的生命有更好的敘事方式。我覺得每個人在靳飛新作當中，都會讀出不同的會心之處。詩心不僅證史，詩心也點燃歷史。

《南通筆記》之筆記

李哲宇

• 靳飛近年來新著不斷，似進入井噴期。《張伯駒筆記》《馮耿光筆記》《你們屬於我的城市》《南通筆記》等等，考證嚴謹，文筆精當，如老吏斷獄，與其隨和為人形成反差。

新作連連，而其可付楮墨之素材亦復不少。一如火山噴發，岩漿奔湧，方能擇地而出，蔚為大觀。綆短汲長，率爾操觚，則徒成下品矣。自媒體文章常有此病。

• 從微信朋友圈來看，靳飛是個大忙人，旅行、訪客、開會、赴宴，簡直是“空中飛人”。他是何時、如何寫下這些文字的？是個謎。輾轉世塵卻不和光同塵，始終保持清醒，有所作為。如此行止，值得“躺平”者思齊。

•《你們屬於我的城市》《南通筆記》，一寫北京，一寫南通，一以深情勝，一以淹洽勝，可視為作者的《雙城記》。

•《南通筆記》體裁新穎，正文以明清筆記體出之，文後多附以古詩文，正文附文渾然一體。此種寫法實有前例，典型如張岱名著《西湖夢尋》。作者或受張宗子啟發，只是附文當有則有，當無則無，且長短兼有，較《西湖夢尋》更不拘一格。

• 筆記體篇並非只能寫風月，亦可寫風雲。《南通筆記》貌似寫一地風物，讀之，華夏三百年風雲如在眉睫之前。

全書筆墨最重者，一為冒辟疆，一為張謇，二人皆生當天崩地裂、人世丕變之際。個人如何在歷史龍捲風中出處，從來是個大難題，雖人傑亦不能逃離時代大浪。他們所思所感，可於傳世詩文見之，《南通筆記》中俯拾皆是。生當歷史之轉捩點，幸或不幸，個體無法選擇。沉淪抑或奮發，貴在自處耳。

• 作者為戲曲界聞人，京劇評論特為專長。書中不少文章鉤沉梨園往事。《冒辟疆三觀〈燕子箋〉》連寫三篇。此劇為明末政壇反覆小人阮大鋮之名作，文采斐然、辭情華贍，繼武湯顯祖。才德不配之人，史不絕書。不必以人廢劇，亦不必以劇抬人。

中國文化自古習慣以道德視角評判一切，未免極端。近年來有人卻一反傳統，提出明亡於東林、復社諸子，理由是這些"公知"未能團結閹黨及其餘孽（如阮大鋮）。是非竟可如此雌黃乎？如此世態，亦足深悲。

• 嘗聞人言，"中國沒有哪一座城市，如此深深打上一個人的烙印。"此城便是南通，此人便是張謇。余兩度遊南通，對此語深以為然。張公棄狀元功名，辦實業、興教育，開地方自治先河。晚清民初之中國，郵政等近代化設施，南通均走在前列，張謇厥功至偉。這等廣為人知之事，《南通筆記》並未贅述。最可重視者為一短文《張謇有大功於民國》，篇幅只約一頁，分量卻不輕。標題中"有大功"三字，字字千鈞。趙鳳昌之子憶張謇，"武昌事發，適在漢口，星夜歸來，館惜陰堂（即上海趙鳳昌宅），商定大計，務主不擾民，少殺傷，冀以潛移默運之力，肇始新邦，少紓浩劫。一時經世文字，多出其手，各省聯合會，亦奉之為祭酒。”“不擾民，少殺傷”，揆諸隨後數十年中國流無量血之史，更覺辛亥革命之偉大。或有人譏評前輩“革命不徹底”，嗜血之態可掬。張謇之功，當然不止文字，其與趙鳳昌為清末民國初立憲派領袖。事後看，立憲實為中國最優選擇，惜乎歷史不能假設，不能虛擬。

只是文尾說“世傳清帝遜位詔書出自張謇之手”，此事聚訟紛紜，存疑可矣。然其斷非清皇族集團成員之手筆，則明矣。“今全國人民心理，多傾向共和，南中各省既倡議於前，北方諸將亦主張於後，人心所向，天命可知，予亦何忍因一姓之尊榮，拂兆民之好惡？”如此雋語，不可能出自智窮力絀之輩。一集團之沒落，直觀表現為人才之匱乏。

•《張謇之重用歐陽予倩》載張謇折節結交戲劇家梅蘭芳、歐陽予倩，斥巨資興建更俗劇場，興辦伶工學社，並指“不可以個人興趣視之”。張語歐陽云，“戲曲不僅繁榮實業，抑且補助教育之不足。”這一思想，與梁啟超重視小說情形相似。蔡元培主張“以美育代宗教”、魯迅棄醫從文欲改造國民性，均可與張、梁見解相通。

近日，“鬼才”魏明倫辭世，其最富爭議之作為《潘金蓮》，而歐陽予倩已有同題劇本珠玉在前。兩部作品均曾引發轟動和爭議。中國社會觀念進步，潘女士亦有貢獻。一噱。

•靳飛多年旅居東瀛，對史上南通與日本之關聯頗為留意。《唐大和尚鑒真兩渡狼山》一文居全書前。《會戰豐臣秀吉之顧沖庵》挖掘出顧沖庵這位南通英雄，此公才識兼備，明廷最終卻以“數年無功”罷其兵權，柄政集團昏憒朽敗已無可救藥。數十年後，不惟朱家朝廷覆亡，更有顧亭林痛心疾首之“亡天下”（顧嘗言，“有亡國，有亡天下。亡國與亡天下奚辨？曰：‘易姓改號，謂之亡國；仁義充塞，而至於率獸食人，人將相食，謂之亡天下。”）

歷史自會“草蛇灰線，伏脈千里”。

•《英國人知狼山難過》《日諜之記錄通州如皋》記錄中國近代史上兩段插曲。外人覬覦神州，貪妄之態畢現，而國人懵懂無知，對其好吃、好喝、好招待，奉若上賓。百多年後讀之，尤為之歎惋心酸。

歷史悲劇不可忘，然仇外情緒不可長。蓋無知與偏狹常如鳥之雙翼、車之兩輪。十餘年前西安“U 形鎖”之事慘矣，而精神“U 形鎖”尤足深戒。

•《冒辟疆三百歲生日》載，宣統三年，冒鶴亭、林琴南於北京廣渠門夕照寺，為冒辟疆作誕辰三百年之會。林琴南以反對白話文而遭新文化諸公譏嘲，亦長期被官方史家畫白鼻。其實，風行一時之“林譯小說”，對新文化自有推動之功，此則不唯其批評者無視，林本人抑或未體察。歷史之弔詭於此可見。

另，林琴南作古文，承桐城派餘緒，其《春覺齋論文》

立論雖不高蹈，卻極切實，於今人寫作亦頗能有所啟發，遠勝雲遮霧罩之“後現代”文論。余甚愛之，置於床頭，時時翻閱。

•張謇情感世界亦打下新舊時代轉換烙印。其晚年與沈壽之交往常成為後人談資。沈壽心慧手巧，創蘇繡支派沈繡。《南通筆記》中《袁克文為余覺書題詩》一文及之。余覺為沈壽之夫。靳飛言，張沈之事，“實非局外人所能道也”，並指袁克文多事。此論頗為公允。

幼讀《韜奮的道路》，其書印行於“陽謀”之後，內有韜奮夫人沈粹縝長文，鬥爭精神頗健。後知沈粹縝為沈壽姪女。

本世紀初，中國政府曾數次將沈繡巨幅外國元首肖像作為國禮贈送，媒體亦廣泛報道，誠為雅事。韜奮諸子或有力焉。余嘗遊南通沈繡博物館，內有奧巴馬、普京肖像複製品，精工細作，氣韻生動，兼有中國工筆畫與油畫之風致。彼時，中美俄關係尚稱融洽，如今恍如隔世矣。

一場跨越時空的詩酒唱和

高一丁

筆記體自古有之，興於魏晉而盛於唐宋。“隨筆兼雜記”的寫法看似輕巧，卻十分考驗作者遴選文句、博引旁徵的功力。隨意蕩開的一筆，往往也要有新知，要從舊材料中發現新問題，也要為舊問題找到新材料，更重要的是要讀來有雅趣，要好玩，否則便成了東摘西抄的無聊文章，毫無興致了。

著名學者、詩人、北京戲曲評論學會會長、石景山區對外文化交流促進會名譽會長靳飛先生近年來的許多作品，便多以筆記體的樣貌示人，只是過往的作品如《張伯駒筆記》《馮耿光筆記》等，皆是為人物做傳，這一次則選擇用這種輕巧的筆體講述一座城市的故事。以筆記寫人物的“便利”在於，即便這些人的一生足夠精彩，有足夠多的掌故可以娓娓道來，但歸根結底都是圍繞傳主一人，而一座城市的故事，似乎又過於厚重龐雜，如何以筆記體寫城市，靳飛先生的新作《南通筆記》，可以說是一次文體上的精彩嘗試。

本書的寫作脫胎於作者居於南通時，在微博上的有感而發，計約六十則。儘管今日的微博已沒有一百四十字的限制，但短小的篇幅與相對獨立的形式，也正好與筆記體相契合。我們甚至可以暢想，千百年前留下一篇篇筆記的文人墨客，放在今日的世界裏，或許也是玩轉微博的“大V”了。

既然選取了頗有些年代感的筆記體，作者也所幸放開手腳，直接以明清白話行文，而幾乎每則筆記又都附有“若樸堂主人詩云”的絕句一首，或感懷舊事，或品評人物，形成了獨特的“文言筆記＋七絕格律”的形式。不是對於舊體詩文熟稔於心的作者，是很難如此揮灑自如的。同時，相較於其他講述城市掌故的作品，本書並未選用風光照片等作為配圖，而是以書法詩作代替。這些詩作，即作者在每則筆記後所附的絕句，並延請著名書家范梅強、盧樹民、呂鳳鼎、夏潮、吳世民、林躍平等書寫，使得整本書雅致非常。

翻閱這些筆記，在感歎作者駕馭文體之自如的同時，更為筆記具體內容之廣博、材料來源之多元所吸引。提及南通，大多繞不開冒辟疆、張謇等招牌式的人物，但作者會從許多新鮮的角度出發，拈出許多未曾留意，甚至無從得見的材料。如寫冒辟疆，除水繪園、董小宛等慣常路徑外，還會點出冒氏的蒙古血統、喜食生蝦，乃至與洪門幫派的絲縷聯繫。又如談張謇，則繞過實業救國、更俗劇場等事，而是為讀者點出張謇在南北和談中鮮為人知的角色，以及其與譚富英，乃至大倉喜八郎的交往。這些看似隨意甚至近於“八卦”的邊角料，卻是更有趣味的部分，也是筆記而非正傳最能吸引讀者之處。

除了以新視角觀察舊人物，作者還會鉤沉出許多早已隱沒於歷史塵煙中的人與事，為南通這座古城的文化光譜再添幾筆光彩。如與豐臣秀吉會戰於朝鮮的顧養謙、收復台灣的名臣姚啟聖、梅蘭芳愛徒李斐叔，甚至英國商賈、日本間諜筆下關於南通的記載，也都被作者一一整理收錄進筆記之中。明清筆記、民國逸聞、東洋掌故、梨園八卦……這些往往為旁人所忽略，或者未曾尋得門徑的材料，在作者筆下彷彿信手拈來；而對於讀者而言，幾乎每則筆記讀來都有新發現，這樣的閱讀體驗，是十分暢快的。即便我們並非身處南通，甚至未曾居遊，也會因為這些掌故，對於那一座承南啟北、文脈悠長的城市，多了一份親切。

其實一座城市的故事，歸根結底，是關於在這座城市裏生活過、閃耀過的人的故事，我們往往會更在意那些過於具體的場景，留戀談論建築的興衰，執著於物的存廢，反而忽略了人的價值。在《南通筆記》中，有數則筆記是關於南通名園水繪園，作者幾乎對園林本身不著一字，而是從冒辟疆在水繪園中所設家班的角度入手，講述一座園林背後的盛衰，即便未曾實地遊覽過水繪園的讀者，也能體味這座彼時弦歌不輟的名園中有怎樣的氛圍，留下了哪些傳奇。如果有機會身臨其境，所能體察到的內容，也自然是遠在庭台之外。

更值得注意的是，《南通筆記》裏對於這些故事的講述，不是畢恭畢敬的追憶，而更像是與這些舊時人物相會之後，拈出一段段掌故，與你我娓娓道來。誠如作者在自序中所言，“直以古人為同人，恣意唱和”。胸中有古今世事，下筆自然氣象萬千，而筆記體的形式化解了這份可能的厚重，讀來自是雅趣風流、迴韻悠長。

這本《南通筆記》，想來是不適合正襟危坐時讀的，不如舉一杯茵陳酒，斟一壺花露燒，飲到恍惚時展卷，加入這一場跨越時空的詩酒唱和。

《南通筆記》出版座談會在京舉行

二〇二四年五月二十九日，北京戲曲評論學會、北京大學崑曲傳承與研究中心、北京出版集團在北大燕南園共同舉辦靳飛先生著《南通筆記》出版座談會。

北京人民出版社副總編輯陳勇說，《南通筆記》是北京出版集團繼《張伯駒年譜》《張伯駒筆記》《馮耿光筆記》《你們屬於我的城市》之後，四年來為靳飛先生出版的第五部作品。這五部作品無一不兼具文學價值、史料價值、藝術價值，一經問世必會引起全國各地廣泛關注。靳飛先生作為嚴謹的作家、學者，憑藉幾十年積累，呈現出一個創作高潮，北京出版集團繼續期待著靳飛先生的下一部作品。

會議主持人、北京戲曲評論學會副監事長竇強代讀了《日本華僑報》總編輯蔣豐、中國唱片公司總經理樊國賓為《南通筆記》撰寫的書評，以及上海師大黨委書記林在勇的賀詩。

王際岳副監事長代讀了八十九歲高齡的著名劇作家張永和先生的書面發言。張永和說，《南通筆記》的動人之處在於，作者以明清白話與詩詞相結合的形式，從地理形勝、經濟貿易、歷史積澱、文化底蘊等角度入手，文體簡潔而不失厚重，展現了南通這座中國現代第一城的文化風韻，輕巧耐讀而又令人難以掩卷。

北京大學藝術學院副教授、北京戲曲評論學會會長陳均說，靳飛先生的《南通筆記》可以從兩個層面分析。一是在文體上創新，不僅是一本“筆記體”作品，而且是以“筆記＋類書”的形式，對南通歷史文獻資料進行分門別類整理，彙集出一部南通文化史。二是在創作上直接承續《日下舊聞考》《白下瑣言》，對於微觀的城市生活史研究具有示範意義。靳飛先生在史料的運用上，“隨物賦形”，是其最大的特色。題材、史料在作者筆下信手拈來，敷演出一篇篇精彩的筆記，人物故事、歷史形勢與具體的城市空間相交織，極具趣味。陳均認為，作者是要尋找一種歷史的隱秘脈絡，在文學、歷史與具體的人物情感間反覆遊走，在貫通古今中力求努力觸達。

中國社科院歷史研究所助理研究員汪潤博士說，《南通筆記》雖稱用筆記體，而其在史料選取上有著非常嚴謹的判斷，在史料較為豐富的內容中，擷取出更具價值的閃光點，從不同角度發揮史料的作用。其書定位在南通一城一地，處處卻無不以整個中國為著眼點，通過整理南通人文掌故，講述中國傳統文化的賡續，具有更廣闊的視野與深厚的人文關懷。古體詩文與書法的運用，既為全書增光添彩，也是古今之通、文脈傳承的生動體現。

崑曲劇作家王一舸發言說，《南通筆記》同時是對“札記散文”與“掌故筆記”這兩條文脈的傳承與創新，是作者深厚學養與充沛才情的體現。掌故文學和札記文學的創作，都需要扎實的學養和廣博的知識，更需要作者練達豐厚的人生體驗。因此，《南通筆記》不僅是一部優秀的文學作品，也是一種文化態度、文明態度，在需要重新審視、傳承中華優秀傳統文化的當下，自有其無可替代的價值。

著名書畫藝術家林躍平說，《南通筆記》是一本鮮活的、沒有壓迫感的“工具書”。大部分撰寫地方文史的“工具書”會有比較強的目標感，希望給人很明確的指引，告訴讀者這一地方發生過什麼樣的嚴肅歷史。而《南通筆記》讀來卻很輕鬆，逸出在正史之外，通過一個個人物故事，引導讀者臥遊南通，讓讀者產生種種聯想。“作為一名畫家，如果文章沒有讓我產生畫面感，浮想聯翩，我認為文章與我缺乏連結。《南通筆記》給了我無限想象”。

中國音樂學院洪一繁從研習崑曲的經驗出發，講述了自己的閱讀體驗，在她看來，崑曲的許多文辭非常優美精煉，表詞達意雅致而有韻味。閱讀以“明清白話”來書寫的《南通筆記》時，有強烈的相似感受，文句沒有廢筆閒筆，信息量大，要如拍唱崑曲一樣慢讀精讀。

梅蘭芳大師外孫，天一閣後人，著名書法家范梅強是《南通筆記》文章與詩詞的第一讀者。他回憶說，“香港《大公報》每個禮拜約我舅舅梅紹武一篇專欄，寫與梅蘭芳先生有關的故事。我小的時候每個星期都會去他家，在抄稿時候就能讀到當周那篇，一星期後《大公報》上就會刊出。文章以每周一篇的節奏寫下去，過了幾年就出了一本書，就是

《我的父親梅蘭芳》。靳飛寫《南通筆記》的過程，讓我想起當年的這段經歷，也給我很大啟發”。

三聯中讀內容編輯高一丁分享了他的閱讀感受說，與作者此前以人物為主線所創作的《張伯駒筆記》《馮耿光筆記》不同，《南通筆記》的主體是一座城市，講述一座城市的故事，需要找到更獨特的主線，而在本書中，作者是以人物而非建築空間來做串聯。一座城市的故事需要由具體的人來承載，有了人的活動，即便是一座陌生的城市，也能讓讀者通過閱讀，產生情感上的共鳴。本書也可視作是一場跨越時空的詩酒唱和。其中的講述不是畢恭畢敬的追憶，更像是與這些舊時人物聚飲之後，豆棚瓜架，藉由此書與讀者娓娓道來。

北京大學中文系教授高遠東指出，以“筆記”為代表的雜學傳統，在當代專業分工的趨勢下，已在學術界逐漸消失；靳飛的創作，卻還在延續著鄧雲鄉等前輩傳遞下來的文化脈絡。這種寫作對於作者的知識儲備、文化修養、社會見識都有非常高的要求，在見聞廣博的基礎上不賣弄，而是要有的放矢，提出自己的獨到見解。高遠東用“以野史的方法寫正史”來概括靳飛的寫作，無論是《張伯駒筆記》《馮耿光筆記》，還是《南通筆記》，如冒辟疆、張謇等諸多人物，是都可以拿到正史中大書特書的，而靳飛的寫法廣博龐雜，近乎“野史”，其中隱含的則是非常嚴肅的態度和關懷。

高遠東說，歷史上的筆記不外乎兩種，一種是基於史，一種是基於文。靳飛的筆記寫作既承接以“史”為基的脈絡，又以“文”來體現趣味，表達對於歷史興替的感慨。具體在《南通筆記》一書中，即每篇筆記後所附的“詩曰”。在閱讀完無一字無來歷、無一字無出處的筆記後以詩詞感懷，這種設計在高遠東看來是獨具匠心的，也是當世獨有的。高遠東還提出，靳飛幾十年間形成鮮明的語言風格，呼籲學界應對靳飛作品開展研究。

三識靳飛老師

李佳

身為北漂人，對京城的文化名人有種“近水樓台”的親近感，靳飛老師是其中之一。對他的仰慕經歷過三部曲。最初是閱讀理解他。靳老師既是“新京派文化”代表性作家，又是中國戲劇研究的專家。閱讀他的微博美文與散文隨筆，喜歡上他由深厚國學功底生發的半文半白、簡約練達的文筆。他的研究專著《靳飛戲劇隨筆》，讓我這個從事藝術工作的小字輩更是情有獨鍾。

近年來，靳老師因工作關係常去我的家鄉南通。一次，與父親通電話，他提及靳老師。我問父親如何認識靳老師的，父親不無得意地說，不僅認識還是朋友。這怎麼可能？父親雖扛過槍，當過企業掌門人，能唱會彈愛寫，可與靳老師這種“大咖”相比還是小巫見大巫。父親見我存疑，舉出靳老師豪爽性情、博學健談的實例證明，言之鑿鑿，讓我對靳老師的理解與崇敬之情又上了一個新台階。父親補充說，有機會你同他見見面。

二〇二四年暮春，靳飛老師的新作《南通筆記》出版，其所結集的五十餘篇筆記，是他寓居南通，閒來興情所至的作品。他遍覽地方史志、《冒辟疆全集》等著作，邊讀邊思，邊寫南通文化名人及文史掌故，還就此話題與友人詩詞唱和，用他自己的話說玩出點花樣。他的思維觸角與品鑒能力往往不同於常人。南通作為一座歷史文化名城，文史資料極為豐富，靳老師憑藉其敏銳的涵泳力與深厚的學養，提煉其中精華的部分隨筆道來，又旁引博徵豐滿其內涵，每篇筆記的結尾還配有七言絕句讚曰點睛。對南通著名的先賢張謇先生雖著墨不多，可評價極高，稱其"有大功於民國"。出於對這位先賢的敬重，他新書出版後，為啟迪後昆熱愛本土文化，首選到我的母校 —— 江蘇省南通中學向學生贈送新作。我的母校於一九〇九年由張謇先生創立，百年以降，南通人對這所歷史名校讚譽與熱愛，從坊間流傳的一句俚語可見一斑：進了通中的門，就是大學裏的人。學校知曉靳老師要向師生贈送新作，藉機放大名人效應，盛邀靳老師為學生作講座。

春末夏初的一天，靳老師西裝革履，登上了南通中學附屬學校（即初中部）的講壇，為學生作《中學生如何解讀古典詩詞》的講座。一登台，靳老師的詼諧幽默傾倒了全體師生。他說，今天我正裝上台，你們也報以熱烈掌聲，我們彼此都行過禮了，下面不必拘禮，你們也盡可放鬆，我也輕鬆一番，邊說邊解開領帶，置於講台邊。全場大笑，營造出一個零距離交談的情境。靳老師以李白《贈汪倫》《送孟浩然之廣陵》等同學們耳熟能詳的名篇為例，融知識性、故事性與趣味性為一爐，帶領同學們以一個全新的視角來讀"李白"，感知詩人曾是鮮活的人，通過我們的閱讀與理解，在我們的精神世界裏延續著他的生命，而我們則通過古人的作品，向著我們出生前的時間中伸展出我們的生命。古人今人生命相通，是為閱讀妙境。一個多小時的講座，笑聲不斷，學生們不時與靳老師呼應互通，氣氛熱烈，輕鬆活潑。最後，靳老師以古人誦讀詩詞的方式，歌吟他的詩作贈予全體師生："雨打長江雲似畫，江邊楊柳卻如人。南通自古連江海，風一吹來便入春。"這首詩是一個雨日清晨，靳老師佇立長江之濱的即興之作，寄託了他對江風海韻南通城的愛戀，也包含了生生不息的哲思。正如學校新聞報道中所言："這首詩蘊含了他對學子們美好未來的祝願。學子們被先生的真情所打動。"

幾天後，靳老師來到南通中學高中部校區，該校區地處老城區的中心地段，是當年張謇先生攜同官紳、鄉賢動用積穀倉與天寧禪寺部分土地所建，雖經幾次改造，校舍翻新，可古風猶存，遍灑歷史名師與著名校友的風韻。靳老師作完題為《中國戲劇與中國人情》的講座，向各班學生代表贈送新書後，被學子們團團圍住，學子們拿出剛接手的新書或各自的書本紛紛要靳老師簽名留念。有的學生一時手頭裏沒有可供簽名留言之物，跟靳老師說，您等我一會兒。飛也似的跑到教室裏取來書簿，請靳老師簽名。陪同的校領導怕靳老師太累，向學生搖手暗示停止，可靳老始終笑意盈盈，直到滿足所有同學的願望。聽到母校老師跟我談及這段佳話，我久久不能平靜，從手機裏翻出父親與靳老師的合影照，隔空向這位儒雅睿智、博學多才、雅俗共鑒的"京範兒"致敬。

資深學者靳飛首度以“筆記體”書寫一座城

楊鎮瀟

資深作家、學者、詩人靳飛的新作《南通筆記》近日由北京出版集團北京出版社出版發行。全書每一篇目由“文言筆記＋七絕格律詩”構成，內容涉及南通建制沿革、名人軼事、文化藝術等方面，以嶄新視角書寫南通人文故事。同時，書中收錄了作者為南通所作的近六十首絕句，讓人吟詠之餘回味無窮。

投石擊水，漣漪泛泛。《南通筆記》面世以來，引起了社會各界的廣泛關注。記者帶著讀者的關切連線靳飛先生，聽他暢談《南通筆記》背後的故事，講述與南通的不解之緣。

旅居江海，勸君無事住南通

一本城市“筆記”，讓人們聚焦一座城。

北京戲曲評論學會、北京出版集團等單位組織專家學者，近日共同舉辦了《南通筆記》出版座談會。《日本華僑報》“中華詩詞專版”、“方志江蘇”微信公眾號、交匯點新聞客戶端等媒體平台紛紛刊載其中詩作，著名劇作家張永和等文藝界專家學者圍繞文體、內容暢談感悟，指引讀者重識“中國近代第一城”南通。作者靳飛不是南通人，他為何將自己的創作熱情，傾注到這座江海之城？

靳飛告訴記者，他雖不出生於南通，但與此地結緣甚深，近年來更是時常旅居通城。從事寫作和中國文化研究四十餘年裏，他因一個人認識一座城，在品讀張謇中，對南通心生嚮往。

靳飛說，張謇的傳奇已經成為南通城市的永久魅力。需要補充的是，張謇還為南通吸引來許多有魅力的人，以我所研究的戲劇領域而言，梅蘭芳、程硯秋、歐陽予倩，都因張謇而來到南通；其他人才還有著名的刺繡大師沈壽等，數不勝數。這些人的魅力也都融入南通城市文化之中。

如今，他身為南通經濟技術開發區對日經貿首席顧問，更是頻頻來往於通，為促進中日文化貿易交流添磚加瓦。靳飛透露，這段時間，已在南通接待了幾十批中日企業高層來訪，差不多可以勝任導遊與講解員的工作了。

靳飛回憶，大約在二十年前就曾到過南通，那時交通實在不便，來一次很不容易。現在南通真通了，四通八達，於是就想用一段時間好好體驗一下南通文化。

約在兩年前，靳飛出於公事來到南通。得片刻閒暇，他走出酒店，就近沿著長江江畔漫步。眼前長江之水奔流不息，開闊綿延至天際；微風徐來，讓人心情舒暢。“我得在南通多住一段時間。”第二天，他便在濱江洲際附近租了個房屋居住下來。

“幾乎每天早上，我都是被鳥叫醒，這種感覺對於我來說，至少是幾十年沒有過的。”如此，他才算真正走進了這座城。

“南通自古連江海，風一吹來便入春”“人生過半心方闊，閒倚狼山數萬船”“鳥語千聲歌萬囀，勸君無事住南通”……置身草木山川間，有花鳥蟲魚做伴，常常叫人興致大起，忍不住作詩幾首，他感慨，“南通很適合寫詩。”

靳飛對南通有了一種特別的情懷，“現在我在南通每年居住時間好幾個月。只要一有時間，我就得跑到南通去。”

二〇二三年，適逢中秋國慶“雙節”，靳飛提前從北京趕到南通。其間，他收到了朋友寄來的圖書《冒辟疆全集》，趁空開啟了閱讀的時光。

“我很早就知道冒辟疆的大名，他是明末四公子之一，生得風流倜儻，但精讀他的全集是第一次，而且反覆閱讀了兩遍之後，我感覺對他的認識淺了。”從傳奇身世到心靈歷程，從高貴的品格到文學戲劇的造詣，隨著冒辟疆的人物形象逐漸豐滿立體、具體可感，他寫作的衝動也愈發強烈。

二〇二三年十月八日起，靳飛在個人微博“書生靳飛”上連續發表有關冒辟疆的文言筆記和詩作，包括《冒辟疆三觀〈燕子箋〉》《水繪園家班》《沙元炳所記解差夫妻事》《白璧雙為琵琶第一手》等三十餘篇。

剛發佈一個星期，點擊量就超五十萬。與此同時，文化界人士點讚跟評、書法家執筆為和。作者的創作激情被點燃了，又寫就《李方膺不宜官》《張謇之重用歐陽予倩》《如皋奇才李斐叔》等文。一個多月時間，十一月初他返回北京時，“南通掌故”已經不脛而走，這也是最終出版的《南通筆記》的前身。

堅守傳統，深耕筆記新文體

緣何使用文言文做讀書筆記？靳飛坦言：“微博字數不能太多，所以文字必須精簡。”此外，他認為，文言和詩詞具有天然的協調性，若改用白話，不僅篇幅容納不了，還顯得格格不入。

近年來，靳飛以明清筆記為藍本，勇於創新文體，陸續推出《張伯駒筆記》《馮耿光筆記》等一系列的“筆記體”人物傳記，但用筆記體撰述城市尚屬首次。談及對這一文體的堅持，他表示：“中國詩詞、傳統語文之所以沒有消失，是後人一直在傳承和弘揚。而我還略具這種能力，應該承擔起延續中華傳統文化的責任。”

值得一提的是，《南通筆記》一書中，除了詩文兼備，還配有相應的書法作品，這些作品由書法家、梅蘭芳外孫范梅強以及盧樹民、呂鳳鼎、夏潮、吳世民、林躍平等名家書寫，以示文藝互通，志趣相投。

作為一本南通的文化圖志，該書鏈接了過去和現在，融合了風景和人文，打通了文學和歷史，創造了一種獨特的藝術樣式和文化表達。如何在繁雜而陳舊的史料中凝練出新的文學風貌？靳飛看來，關鍵在於感受，“對一件事情的感受，才是你個人的、是新鮮的。”

二〇二四年五月十六日、十七日，靳飛受邀先後走進江蘇省南通中學附屬實驗學校、江蘇省南通中學，分別帶來《中學生如何解讀古典詩詞》《中國京劇與中國人情》專題講座。臨講前，由於四十多年未曾踏上中學講台，他的心裏不免有些忐忑；然而，實際產生的效果卻出乎所料。

"開始我還擔心能不能把握住孩子們的興趣愛好，沒想到，到了現場，他們特別積極地跟我互動。這些內容能夠被現在的青少年接受，並且形成共鳴，我感覺是特別值得高興的一件事。" 回想起當時情景，靳飛依然滿是豪情。

一個半小時的講座終了，學生們意猶未盡，紛紛捧著本子、教科書以及新作《南通筆記》湧過來，希望得到簽名留念。南通孩子對古典文化的熱愛感染了靳飛，他持續簽了二十餘分鐘。

他說："這對我來說也是一種莫大的鼓勵。不要認為我們的傳統文化沒落了、沒有市場了，或是說年輕人的愛好改變了，相反，中國傳統文化在現代仍然保留著肥沃的土壤。"

致敬前賢，將會再寫冒辟疆

《南通筆記》面世已一月有餘，收獲了文學藝術界專家學者的一致好評。著名劇作家張永和讀後有感而發，他說："《南通筆記》的動人之處在於，作者以明清白話與詩詞相結合的形式，從地理形勝、經濟貿易、歷史積澱、文化底蘊等角度入手，文體簡潔而不失厚重，展現了南通這座城的文化風韻，輕巧耐讀而又令人難以掩卷。”

《日本華僑報》總編輯蔣豐如是概括《南通筆記》的四個特色——“京範兒說南通”“雜而有序”“刨根問底”以及“書卷氣濃”，“看似漫無邊際、實則有的放矢地敘說著江蘇南通的‘古今多少事’。”

有的書評認為，這是用筆記體為一座城市立傳。靳飛本人表示，“我是以南通居住者的立場，向全國的讀者介紹南通的文化故事，這可能也是有點不見外了。更準確的說法，我以前沒有認識到南通的文化底蘊有這麼深厚，因此用這本書向南通的文化前賢，也是向中國的文化前賢致敬。”

靳飛告訴記者：“用這種方式寫一座城市，我還是第一次嘗試。現在不少城市來找我，都羨慕南通。”

採訪中，靳飛還分享了自己閱讀《冒辟疆全集》的感悟。他特別提及冒辟疆為解冤民之苦、盡顯仁義道德的一段故事，以詩紀之：“人間奇跡劇中無，解役夫妻勝巨儒。女似孟嘗真好義，窮王貴冒兩浮屠。”

“他不是簡單的一個人物，而是中國傳統文化精神的體現。”靳飛表示，之後有時間他將專門寫一本《冒辟疆筆記》，向全國讀者進一步介紹南通的文化故事。這裏邊蘊含中國文化精神，不是簡單去寫冒辟疆一個人。比如說關聯到吳梅村，他的《琵琶行》也是千古絕唱，描寫的是南通琵琶大師白氏父子，這是南通文化史上燦爛的一頁。

責任編輯　樹　生　鄭海檳
書籍設計　吳冠曼
書籍排版　何秋雲
校　　對　栗鐵英

書　　名　**南通筆記（繁體增訂版）**
撰　　輯　靳　飛
出　　版　三聯書店（香港）有限公司
香港北角英皇道 499 號北角工業大廈 20 樓
Joint Publishing (H.K.) Co., Ltd.
20/F., North Point Industrial Building,
499 King's Road, North Point, Hong Kong
香港發行　香港聯合書刊物流有限公司
香港新界荃灣德士古道 220-248 號 16 樓
印　　刷　美雅印刷製本有限公司
香港九龍觀塘榮業街 6 號 4 樓 A 室
版　　次　2025 年 3 月香港第 1 版第 1 次印刷
規　　格　大 32 開（140 mm × 210 mm）320 面
國際書號　ISBN 978-962-04-5607-7

Published & Printed in Hong Kong, China.

本書中文繁體版由北京出版集團有限責任公司授權三聯書店（香港）有限公司在中國內地以外地區獨家出版、發行。